W0301964

Du même auteur, aux éditions Leduc.s

Les herbes aromatiques, c'est malin, 2013.
Bien conserver ses aliments, c'est malin, 2012.
Mes petites recettes magiques asiatiques, avec Xavier Kreutzer, 2012.
Mes petites recettes magiques à moins de 300 calories, 2012.
L'œuf malin, 2012.
Mes petits apéros dînatoires magiques, avec Xavier Kreutzer, 2012.
L'ortie, c'est malin, 2012.
Les épices, c'est malin, 2012.
L'ail malin, 2011.
Mes petites recettes magiques à la plancha, 2011.
L'argile, c'est malin, 2011.
Le sel malin, 2010.
Le chlorure de magnésium malin, 2010.
Mes petites papillotes magiques, 2010.
Le raisin malin, 2010.
Le miel malin, 2010.
Yaourts inratables, 2010.

Retrouvez nos prochaines parutions, les ouvrages du catalogue et les événements à ne pas rater sur notre site Internet. Vous pourrez également lire des extraits de tous nos livres, recevoir notre lettre d'information et acheter directement les livres qui vous intéressent, en papier et en numérique !

À bientôt sur www.editionsleduc.com

Découvrez également toujours plus d'astuces et de bons conseils malins sur : **www.quotidienmalin.com** et la page Facebook « Quotidien Malin ».

Maquette : Nordcompo
Illustrations : Fotolia

© 2012 LEDUC.S Éditions
Troisième impression (mars 2013)
17, rue du Regard
75006 Paris – France
E-mail : info@editionsleduc.com
ISBN : 978-2-84899-539-7

Quotidien Malin est une marque des éditions Leduc.s

ALIX LEFIEF-DELCOURT

L'ORTIE C'EST MALIN

QUOTIDIEN MALIN
ÉDITIONS

Mise en garde

Les conseils santé proposés dans ce livre ne dispensent pas d'un diagnostic et d'un avis médical.

Sommaire

Mieux vaut être piqué
par une ortie
que par une rose.

JOHN LYLY
écrivain anglais (1554-1606)

Introduction

L'ortie, bien plus qu'une mauvaise herbe !

L'ortie a mauvaise réputation. C'est un fait : elle est aujourd'hui considérée par la plupart d'entre nous comme une mauvaise herbe. Et comme si cela ne suffisait pas, quand on évoque l'ortie, on pense immédiatement aux démangeaisons et aux cloques dont elle nous gratifiait quand, enfants, on s'y frottait les mollets d'un peu trop près… Mais l'ortie est bien plus que cela : tous les amoureux de l'ortie (eh oui ! ils existent) vous vanteront, avec une conviction rapidement contagieuse, les bienfaits extraordinaires de cette plante magique ! Santé, beauté, jardin, maison et même cuisine, l'ortie n'a pas fini de nous étonner.

Riche en vitamines, en minéraux, en protéines, c'est l'une des plantes les plus intéressantes du point de vue nutritionnel. Utilisée par les hommes comme un remède universel depuis la nuit des temps, elle continue aujourd'hui d'être prisée pour ses multiples atouts. Une petite cure d'infusions et de gélules d'ortie, et votre fatigue s'envole, vos rhumatismes se font oublier, vos cheveux sont moins cassants et plus abondants, votre peau est plus saine et plus tonique, votre organisme est plus résistant aux infections… Un vrai renouveau! À tel point que le monde médical aussi s'intéresse de plus en plus près à cette grande sauvage. Les scientifiques ont, par exemple, découvert que la prise d'extraits de racines d'ortie pouvait enrayer les problèmes de prostate chez l'homme.

Mais l'ortie trouve aussi sa place dans de nombreux autres domaines, en plus de la pharmacie, de l'homéopathie ou de l'industrie cosmétique. Dans l'agroalimentaire, elle est utilisée comme colorant, en agriculture comme engrais et pesticide 100 % naturel (le fameux purin d'ortie), en médecine vétérinaire comme remède pour faire davantage pondre les poules… Elle s'affiche même aujourd'hui dans les assiettes des plus grands chefs : un juste retour en grâce pour une plante si souvent mal-aimée!

10 bonnes raisons de mettre un peu de piquant (d'ortie) dans ma vie !

1. Je suis fatigué(e), stressé(e)...
2. Je souffre d'arthrite, de rhumatismes...
3. J'ai des allergies saisonnières.
4. Je suis enceinte ou jeune maman.
5. J'ai des petits problèmes de bouche (aphte, gingivite...).
6. J'ai les cheveux plats, ternes et fatigués, les ongles cassants...
7. J'ai la peau grasse et/ou les cheveux gras, des pellicules...
8. Je suis un homme qui commence à perdre ses cheveux.
9. Je suis adepte du jardinage bio.
10. J'adore les légumes « oubliés » et souvent mal-aimés.

... et encore bien d'autres raisons à découvrir !

PARTIE I

L'ortie, une plante extraordinaire

CHAPITRE I

Portrait d'une mal-aimée

Petite histoire de l'ortie

Bien avant d'être classée parmi les indésirables, les mauvaises herbes, l'ortie est **appréciée par l'homme pour ses nombreuses vertus médicinales et cosmétiques.** Chez les Grecs, qui la nomment *akalyphe*, elle sert à soulager la toux et l'arthrite, à booster le transit intestinal et l'élimination rénale, à soigner la tuberculose… C'est également un excellent remède pour fortifier les cheveux, la peau et la libido. Chez les Romains aussi, elle est parée de mille et une vertus. Les soldats en ajoutent quelques feuilles dans leurs ragoûts pour avoir plus d'énergie. Ils s'en frictionnent même le corps pour se réchauffer, et le bas-ventre pour booster leur virilité !

Tous les célèbres médecins et scientifiques des siècles passés ont vanté ses mérites. Ainsi, Dioscoride, médecin et pharmacologue grec du Ier siècle après J.-C., recommande les **cataplasmes de feuilles d'ortie** contre les morsures rabiques, les ulcères, l'aménorrhée, les plaies gangréneuses… Les infusions d'ortie sont, elles, préconisées pour leurs vertus diurétiques et laxatives. Dioscoride la considère aussi comme un puissant aphrodisiaque.

À la même époque, Pline l'Ancien, célèbre naturaliste romain, conseille de la consommer **sous forme de cure**, au sortir de l'hiver et « avant l'arrivée des hirondelles », **pour purifier et revitaliser l'organisme**. Il conseille aussi aux hommes de se rouler dans un champ d'orties après un rapport sexuel pour retrouver leur virilité. Il lui consacre même une place de choix dans sa très volumineuse *Histoire naturelle*, dont voici un petit extrait :

« Qu'y a-t-il de plus odieux que l'ortie ? Mais, sans parler de l'huile qu'on en tire en Égypte, comme nous l'avons dit, elle a de nombreuses propriétés. La graine, selon Nicandre, est un antidote contre la

ciguë, les champignons et le vif-argent. Apollodore la prescrit, cuite avec du bouillon de tortue, contre les salamandres, et aussi contre la jusquiame, les serpents et les scorpions. Même l'amertume mordicante de l'ortie remédie par le contact au relâchement de la luette, à la chute de la matrice, à la procidence de l'anus chez les enfants. En touchant avec des orties les jambes et surtout le front des léthargiques, on les réveille.

Appliquée avec du sel, cette plante est utile contre la morsure des chiens. Pilée et introduite dans les narines, elle arrête l'épistaxis ; pour cet usage la racine est préférable. Mélangée avec du sel, on l'emploie contre les carcinomes et les ulcères sordides ; de la même façon, elle guérit les luxations,

les panus, les parotides, les dénudations des os. La graine, bue avec du vin cuit, dissipe les suffocations hystériques ; en topique, elle arrête les épistaxis. Prise dans de l'eau miellée, au poids de deux oboles (1,5 g), elle procure des vomissements faciles après le dîner. À la dose d'une obole (0,75 g), dans du vin, elle dissipe la lassitude.

La popularité de l'ortie ne se dément pas au fil des siècles. Au XIIe siècle, Sainte Hildegarde de Bingen, célèbre naturaliste (entre autres) et spécialiste des plantes médicinales, recommande la consommation de graines d'ortie pour soulager les maux d'estomac, éliminer les vers intestinaux, guérir les rhumes ou stimuler la mémoire. L'ortie est même inscrite au Codex de la Pharmacopée française au début du XIXe siècle. À l'époque, on se flagelle encore le corps avec des bottes d'orties pour soulager les rhumatismes !

En plus de ses vertus thérapeutiques, les hommes s'en régalent depuis la nuit des temps : selon les historiens, l'ortie fut **l'un des premiers légumes** et même l'un des aliments de base des populations préhistoriques ! Au Moyen Âge, cette plante est considérée comme un légume indispensable que l'on surnomme parfois « la viande du pauvre », en raison de sa richesse nutritionnelle, notamment en protéines (voir p. 32). Les paysans la préparent en soupe, comme les épinards. Et, sur les marchés de l'époque, on la vend comme n'importe quel autre légume. Pendant les famines, elle nourrit (et sauve même) de très nombreuses familles. En Allemagne ou en Irlande, elle devient un aliment de base incontournable pour des milliers de personnes touchées par les grandes famines.

L'ortie est aussi une plante que l'on donne aux animaux : aux chevaux pour entretenir la beauté de leur poil, aux poules pour leur faire pondre plus d'œufs, aux dindons pour les engraisser et leur donner bon goût… Elle a également **une aura magique** et on l'utilise pour bénir les épées avant les batailles, ou bien aiguiser les faucilles et avoir des récoltes plus abondantes. En en dispersant quelques feuilles dans la maison, on chasse les mauvais sorts. Et si l'on en met un bouquet sous le lit d'un malade, il guérit plus vite car l'ortie éloigne le mal…

Pendant des siècles, l'ortie est également utilisée comme **une fibre textile de qualité exceptionnelle**, bien avant l'arrivée du coton et du lin. Ses atouts ? Elle permet à la fois de fabriquer des cordages très solides et des tissus très doux et souples. D'où son surnom de « soie végétale ».

Au XVIe siècle, elle sert à fabriquer des papiers, des cordes, des draps, des filets de pêche, des voiles pour les bateaux… Bref, l'ortie est une plante qui sert à tout ! Et Victor Hugo lui-même en fait l'éloge dans ses *Misérables* (Tome I, Livre Cinquième) :

« Un jour il voyait des gens du pays très occupés à arracher des orties, il regarda ce tas de plantes déracinées et déjà desséchées, et dit : C'est mort. Cela serait pourtant bon si l'on savait s'en servir. Quand l'ortie est jeune, la feuille est un légume excellent. Quand elle vieillit, elle a des filaments et des fibres comme le chanvre et le lin. La toile d'ortie vaut la toile de chanvre. Hachée, l'ortie est bonne pour la volaille ; broyée, elle est bonne pour les bêtes à cornes. La graine de l'ortie mêlée au fourrage donne du luisant au poil des animaux ; la racine mêlée au sel produit une belle couleur jaune. C'est du reste un excellent foin que l'on peut faucher deux fois. Et que faut-il à l'ortie ? Peu de terre, nul soin, nulle culture. Seulement la graine tombe à mesure qu'elle mûrit, et est difficile à récolter. Avec quelque peine qu'on prendrait, l'ortie serait utile ; on la néglige, elle devient nuisible. Alors on la tue. »

Mais petit à petit, l'ortie est tombée dans l'oubli. Concurrencée par les progrès de la pharmacie, par l'essor des industries textiles, par la commercialisation d'engrais et de pesticides chimiques ou par la culture de nouveaux légumes, cette plante sauvage a été reléguée au rang de mauvaise herbe. Heureusement, depuis quelques décennies, alors que les remèdes naturels sont de plus en plus populaires, **on redécouvre les vertus de cette plante** qui n'a pas fini de nous étonner. Autrefois considérée comme un remède à la famine, elle trouve aujourd'hui sa place en cuisine, à la table des plus grands chefs comme Marc Veyrat.

Des expressions qui ne manquent pas de piquant !

- « Faut pas pousser grand-mère dans les orties » signifie il ne faut pas exagérer, dépasser les bornes.
- « Jeter le froc/la soutane aux orties », c'est renoncer, abandonner, être inconstant. Mais aussi se débarrasser à tort d'un objet, sous-estimer quelque chose.
- Le « jardin aux orties » désignait autrefois le cimetière.
- Un objet « bon à jeter aux orties » est un objet qui n'a plus d'utilité.
- Être « gracieux comme une poignée d'orties », c'est être très désagréable.
- Être « sur des orties » signifie ne pas être vraiment à son aise.
- « C'est du jus d'ortie » disait-on autrefois pour désigner un mauvais vin.

Une plante facile à reconnaître...

L'ortie a une particularité : qui s'y frotte... s'y pique! De là d'ailleurs vient son nom latin : *urtica*, dérivé du verbe *urere*, brûler (qui a aussi donné, au passage, les mots urine ou urticaire). En effet, ses feuilles et sa tige sont remplies de **poils creux très fragiles semblables à de minuscules « seringues »** remplies d'une substance urticante. Quand on touche la plante, ces « seringues » se plantent dans l'épiderme et se brisent comme du verre, relâchant un véritable cocktail irritant composé d'histamine, d'acétylcholine, de sérotonine et d'acide formique ou formiate de sodium. C'est l'ensemble de ces composants (et plus particulièrement l'histamine) qui est à l'origine de cette sensation de brûlure, de ces démangeaisons désagréables et de ces cloques ressemblant à de l'urticaire. Un dixième de milligramme de ce cocktail détonnant suffit pour provoquer une réaction... Rassurez-vous : ces piqûres ne sont en aucun cas toxiques! Au contraire : autrefois, on disait même qu'elles étaient un excellent remède contre les rhumatismes. D'ailleurs, aujourd'hui encore, l'application de feuilles d'ortie fraîche directement sur la peau est très prisée pour soulager les douleurs arthritiques. À bon entendeur…

Le saviez-vous ?

L'acide formique, ou formiate de sodium, que l'on retrouve dans les poils urticants de l'ortie, est également présent dans le dard de certains insectes comme les abeilles et les fourmis. Son nom vient du latin *formica*, signifiant fourmi, car il a été identifié pour la première fois dans le corps des fourmis, au XVIIe siècle. On utilise cet acide dans les industries textile et agroalimentaire (il joue le rôle de conservateur dans certaines boissons, sucreries, glaces, viennoiseries industrielles, sous le nom de E236), pour la fabrication de laques, de solvants...

… mais moins facile à ramasser !

Comment ramasser des orties sans se faire piquer ? C'est l'éternelle question ! Il existe pour cela **plusieurs solutions**, plus ou moins efficaces. À vous de les tester !

- *Mettre des gants,* ou alors les cueillir avec un morceau de papier journal ou de papier absorbant.

• *Les ramasser les jours de pluie.* Les piquants de l'ortie sont moins agressifs, voire carrément inoffensifs, lorsque les feuilles sont mouillées…
• *Les caresser dans le sens du poil!* En effet, les piquants, situés principalement sur les feuilles, sont orientés de la tige vers l'extrémité des feuilles. En passant ses doigts dans ce sens, et non à rebrousse-poil, on évite donc de se faire piquer.
• *Les cueillir par le dessous :* seul le dessus des feuilles d'ortie est muni de piquants, le dessous des feuilles ne l'est pas!
• *Ne cueillir que les toutes jeunes feuilles,* beaucoup moins urticantes : elles sont situées sur la tête de la plante. Cela tombe bien car ce sont les meilleures au goût. Les feuilles plus « âgées », qui sont plus dures, ont en effet un goût beaucoup moins agréable.

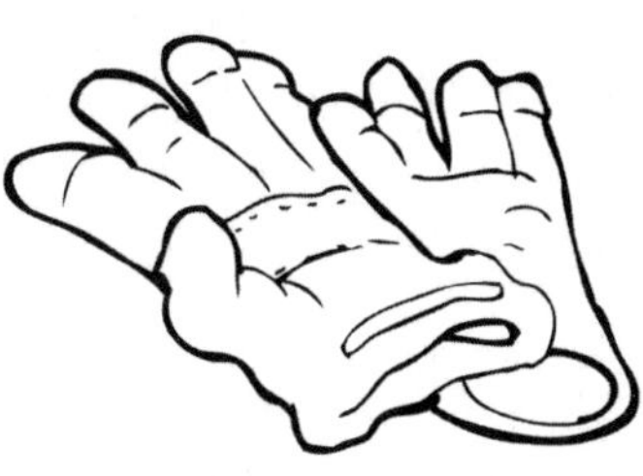

Et en cas de piqûre ?

Il existe plusieurs antidotes naturels pour apaiser les démangeaisons.

- *Les feuilles de plantain* (de *plantago*, plante qui agit) renferment une substance qui neutralise les effets urticants de l'ortie. Il suffit d'en cueillir quelques feuilles, de les froisser entre les doigts puis de les frotter sur les endroits qui ont été piqués. L'avantage : on trouve souvent du plantain près des pieds d'ortie ! Cette plante se reconnaît à ses feuilles larges et nervurées (jusqu'à neuf nervures par feuille), réunies à la base en une rosette.
- *D'autres plantes auraient le même effet, comme la menthe, la mauve ou l'oseille.* Il faut également froisser leurs feuilles entre les doigts avant de les appliquer sur la peau, car c'est leur suc qui est apaisant.
- *Essayez également l'application de salive,* le plus rapidement possible après la piqûre.
- *Autre solution : poser pendant quelques minutes sur les piqûres une compresse ou un disque de coton humidifié avec du vinaigre blanc.* Rincez à l'eau claire ensuite.
- *Vous pouvez aussi essayer de frotter un peu de terre,* sèche ou humide, sur les piqûres.

• *Autre remède de grand-mère à tester : l'application d'un carré de sucre* légèrement humidifié (avec de la salive, ça marche !) *ou d'une pomme de terre coupée en deux.*
• *Il existe enfin en pharmacie de nombreuses crèmes* destinées à cet usage. Mais sachez que les remèdes naturels cités ci-dessus sont tout aussi efficaces… et beaucoup moins chers !

De nombreuses variétés

L'ortie fait partie de la famille des Urticacées, qui compte une soixantaine de genres, dont le genre *Urtica*. Celui-ci regroupe lui-même plus de 80 espèces différentes. Seules cinq d'entre elles sont présentes en France. Les plus utilisées pour leurs multiples propriétés sont les deux premières.

La grande ortie ou ortie dioïque

• La grande ortie (*Urtica diocia L.*) est **la plus connue des orties** : c'est généralement d'elle dont on parle quand on évoque l'ortie. C'est elle aussi que l'on utilise le plus, que ce soit en cuisine, pour les remèdes médicinaux, pour les soins cosmétiques, pour la fabrication de purin d'ortie… D'ailleurs, dans ce guide, quand on évoquera simplement l'ortie, sans autre précision, il s'agira de cette espèce.

- Elle pousse dans le monde entier, et on peut la trouver un peu partout, dans les jardins, les champs et les prairies, près des maisons et des chemins… Ce qu'elle aime : les sols humides et riches en azote, à savoir les terres cultivées (champs, jardins…) ainsi que les lieux où les activités humaines ont permis l'accumulation de déchets organiques, comme les terres d'élevage, les décharges, les abords des habitations…
- Elle peut mesurer jusqu'à 1,50 mètre voire 2 mètres de hauteur, d'où son nom de grande ortie. C'est une coriace, qui possède de très longues racines lui permettant de se propager rapidement, jusqu'à devenir envahissante : elle peut donc repousser avec facilité même après avoir été arrachée.
- Elle fleurit l'été, de juin à octobre. On la dit « dioïque » (du grec *di*, deux, et *oïkos*, maison) car elle porte des fleurs mâles et des fleurs femelles sur des pieds différents.
- Elle est connue sous de nombreux noms : ortie commune, ortie piquante, ortie méchante, ortie élevée, ortie femelle, ortie de grain…

La petite ortie ou ortie brûlante

- La petite ortie (*Urtica urens*) est **plus petite en taille** : elle mesure au maximum une cinquantaine de centimètres.
- Contrairement à la grande ortie ou ortie dioïque, celle-ci est monoïque, c'est-à-dire que ses pieds portent à la fois des fleurs mâles et femelles.
- Elle se rencontre principalement dans les jardins, les lieux cultivés et les friches, et fleurit pratiquement toute l'année.
- On l'utilise principalement pour ses propriétés médicinales, notamment dans la fabrication de remèdes homéopathiques (granulés, teinture-mère…).

• On la dit « brûlante » car elle est beaucoup plus urticante que la grande ortie qui, elle, porte le surnom plus doux de « piquante ». On l'appelle aussi ortie sauvage, ortie folle, ortie barbare…

L'ortie à membranes

• L'ortie à membranes (*Urtica membranacea*) préfère **le climat méditerranéen** mais on la trouve également dans les Côtes d'Armor et le Finistère.
• Elle pousse dans les lieux en ruines ou au pied des murs.
• Elle porte aussi le nom d'ortie douteuse.

L'ortie romaine ou ortie à pilules

• L'ortie romaine (*Urtica pilulifera*) aime les climats ensoleillés et un peu humides. En Europe, on la trouve donc principalement sur le pourtour du bassin méditerranéen.
• Elle doit son nom d'ortie à pilules à ses **inflorescences globuleuses** qui ressemblent à des pilules ornées de poils urticants. Elle peut mesurer jusqu'à 1 mètre de haut.

L'ortie noirâtre

• L'ortie noirâtre (*Urtica atrovirens*), aussi appelée ortie vert foncé ou ortie corse, est présente uniquement en Corse, en Sardaigne, en Toscane et aux Baléares.
• Sa principale caractéristique ? **Sa couleur vert sombre** dont elle tire son nom latin *Urtica atrovirens* : de *ater*, noir et *virens*, vert.

Les fausses orties

Certaines plantes herbacées ressemblent beaucoup à des orties, mais elles n'en sont pas. Il est très simple de les différencier : **les vraies orties piquent, les fausses non** ! Il suffit donc de faire le test… Parmi elles, on trouve plusieurs espèces :
• L'ortie blanche (qui porte ce nom tout simplement en raison de la couleur de ses fleurs), aussi appelée « ortie morte », car elle ne pique pas. En fait, il s'agit du lamier blanc (*Lamium album L*). On la trouve souvent enchevêtrée avec la vraie ortie, dans les haies ou sur les bords des chemins. On l'utilise en phytothérapie pour ses propriétés astringentes (en cas d'hémorragies utérines notamment) et pour son action dépurative. D'ailleurs, on la trouve souvent sous forme de gélules, au rayon des compléments alimentaires,

sous le nom d'ortie blanche : ne vous y trompez pas, il ne s'agit pas d'ortie! On mange aussi ses jeunes pousses en potage ou bien crues mais elles sont beaucoup moins savoureuses que les feuilles de la vraie ortie.

- L'ortie rouge ou lamier rouge (*Lamium purpura* ou *Lamium maculatum*).
- L'ortie bleue, qui est en réalité la campanule gantelée (*Campanula trachelium*).
- L'ortie royale ou ortie épineuse (*Galeopsis tetrahit*).
- L'ortie puante ou ortie à crapaud, qui désigne en fait l'épiaire des bois (*Stachys sylvatica*).
- L'ortie bâtarde (*Mercurialis ambigua*).

CHAPITRE 2

Une plante aux multiples atouts

Une richesse nutritionnelle extraordinaire

L'ortie est un véritable concentré de nutriments ! Mais impossible de faire une analyse nutritionnelle unique et définitive de cette plante car tout dépend de son lieu de culture, de la richesse du sol sur lequel elle a poussé, de la durée de l'ensoleillement, du moment de la cueillette… et bien d'autres facteurs encore ! Ci-dessous, voici un exemple de composition :

Valeur nutritionnelle de l'ortie fraîche, pour 100 g	
Valeur énergétique	82 kcal
Eau	80 g
Protéines	8 g
Lipides	1 g
Glucides	9 g
Vitamine C	333 mg
Vitamine B1	0,15 mg
Vitamine B2	0,15 mg
Calcium	630 mg
Fer	7,8 mg

Source : Guide nutritionnel des plantes sauvages et cultivées, François Couplan, Éditions Delachaux et Niestlé, 2011.

Les feuilles d'ortie

Les feuilles, qui sont la partie que l'on utilise le plus souvent, contiennent :

- **Des protéines :** 8 g pour 100 g en moyenne. C'est l'un des taux de protéines les plus élevés du règne végétal, la majorité des autres légumes cultivés affichant en moyenne 1 à 2 g pour 100 g. Non seulement l'ortie est une excellente source de protéines mais, en plus, ses protéines sont d'excellente qualité. L'ortie contient en effet 18 acides aminés différents (sur les 20 existants) et notamment les 8 acides aminés essentiels (isoleucine, leucine, lysine, méthionine, phénylalanine, thréonine, tryptophane et valine), ce qui fait figure d'exception pour un végétal ! On dit même que son apport en protéines est supérieur à celui du soja.

• **De la chlorophylle.** L'ortie est l'une des plantes les plus concentrées en chlorophylle, le « sang vert » des végétaux. Pour l'organisme humain, c'est une mine de bienfaits : elle l'oxygène, le désintoxique et rétablit l'équilibre acido-basique. Elle aide également à la cicatrisation des plaies.

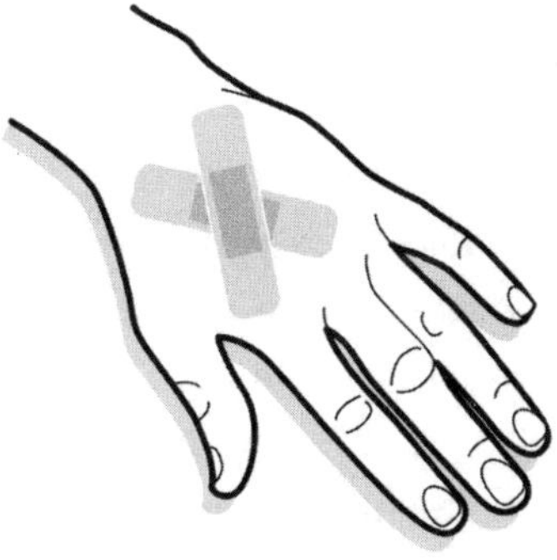

- **Des vitamines et notamment de la vitamine C en grande quantité**. L'ortie affiche en effet jusqu'à 333 mg de vitamine C pour 100 g, c'est presque deux fois plus que le persil et six fois plus que l'orange ! Elle apporte aussi des vitamines du groupe B (notamment de l'acide folique ou vitamine B9), de la provitamine A, des vitamines E et K.
- **Des minéraux,** principalement silice, fer, magnésium, calcium, bore, sélénium mais aussi manganèse, potassium, soufre, zinc, phosphore : un vrai cocktail reminéralisant ! Elle contient **presque deux fois plus de fer que le bœuf** et autant que le foie de veau cuit ! **Côté calcium aussi, elle est au top** avec environ 630 mg pour 100 g : c'est plus de deux fois plus que les amandes, et quatre fois plus que les yaourts ! Autres minéraux intéressants : le soufre (qui agit sur le système métabolique et digestif, entretient la santé du cuir chevelu, soigne les petites affections de la peau…) et le zinc, qui a un effet anti-inflammatoire intéressant. Enfin, l'ortie a un atout de taille car elle propose des associations intelligentes de nutriments : calcium et bore (le bore facilite l'assimilation du calcium) ainsi que fer et vitamine C (la vitamine C facilite l'assimilation

du fer, indispensable pour les globules rouges et l'oxygénation des tissus).

• **Des flavonoïdes, une source importante d'antioxydants** dont le rôle est de lutter contre les radicaux libres à l'origine du vieillissement et de nombreuses maladies qui y sont liées.

• **De la glucokinine,** une substance qui fait baisser le taux de sucre dans le sang. D'où son effet sur le diabète, démontré par certaines études scientifiques (voir p. 78).

• **De la sécrétine,** une hormone qui stimule l'ensemble du système digestif (estomac, intestin, pancréas…).

À retenir !

100 g de feuilles d'ortie fraîche et crue apportent :

• jusqu'à 50 % des AJR* en calcium pour les enfants, les adolescents et les femmes de plus de 55 ans, et jusqu'à 70 % des AJR pour les adultes ;

• jusqu'à 100 % des AJR* en fer pour les hommes et 50 % pour les femmes ;

• jusqu'à 400 % des AJR* en vitamine C.

* *AJR = Apports journaliers recommandés.*

Zoom sur la silice, un minéral essentiel

La silice (SiO_2) est présente en quantité importante dans tous les tissus du corps humain : organiques, osseux et conjonctifs. Elle possède **des propriétés à la fois antioxydantes, régénérantes et reminéralisantes**. Elle est par exemple indispensable au bon état et à la solidité des ligaments, des tendons, des articulations, de la peau, des os, des dents, des cheveux, des ongles, des vaisseaux... Elle aide à la fixation du calcium, à la souplesse des articulations, à la régénération de la peau. Elle est également essentielle pour le bon fonctionnement du système immunitaire.

Or, avec l'âge, la quantité de silice dans l'organisme diminue. C'est **l'une des causes du vieillissement et de ses manifestations physiques** : ostéoporose, rides, lombalgies, arthrose, douleurs musculaires et articulaires... Pour lutter contre tous ces effets de l'âge, il est donc essentiel d'en apporter à notre organisme au quotidien car celui-ci est incapable de la stocker.

La silice existe sous **deux formes** :

1. *la silice minérale,* qui n'est pas assimilable en tant que telle par l'organisme ;

2. *la silice organique :* il s'agit en fait d'une silice minérale transformée de matière naturelle par les racines de certaines plantes. Elle devient alors assimilable par l'organisme. L'ortie est reconnue comme l'une des meilleures sources de silice organique. D'ailleurs, dans les magasins, vous pouvez trouver certains compléments alimentaires vendus sous le nom de « ortie-silice ».

Les racines d'ortie

Elles contiennent, entre autres :

- Une lectine appelée UDA (*Urtica Dioica Agglutinin*), que l'on retrouve également dans les graines. Elle fait actuellement l'objet de nombreuses recherches scientifiques. Elle aurait des **propriétés anticancer, antiprostatiques, antifongiques**… Elle pourrait également avoir une efficacité contre un grand nombre de virus, et notamment le virus du sida.
- Des stérols, dont le rôle est de participer à la **régulation du taux de cholestérol.**
- Des **régulateurs hormonaux**, d'où leur efficacité pour lutter contre certains problèmes typiquement masculins…

Les graines d'ortie

Elles intéressent de plus en plus les herboristes, notamment aux États-Unis (mais on les trouve encore assez peu en France). On les préconise, entre autres, en cas de fatigue intense ou de dépression. Et pour cause, elles apportent **des nutriments en grande quantité** :

- des acides gras essentiels ;
- de la vitamine E, mais aussi C et B ;

• des minéraux : fer, zinc, calcium, magnésium, manganèse, sodium, sélénium…

Récolter les graines d'ortie : mode d'emploi

Fin août, début septembre, les orties commencent à produire des graines, qui sont d'abord toutes vertes avant de devenir marron. C'est le bon moment pour les récolter ! La technique est très simple : cueillez des tiges d'ortie entières et étalez-les sur un linge ou un papier journal, en les espaçant bien. Laissez-les sécher dans un endroit sec et ventilé pendant une semaine environ. Une fois les tiges bien sèches, secouez-les afin de récupérer les graines. Stockez-les dans des sacs en papier.

De nombreuses vertus médicinales

De manière générale, on peut dire que l'ortie a les propriétés suivantes (préparez-vous, la liste est longue !) :

• Grâce à son exceptionnelle richesse en vitamines et minéraux, l'ortie est **un excellent tonifiant**, utile pour lutter contre la fatigue passagère et l'anémie, pour stimuler l'organisme lors d'une convalescence, pour booster les capacités intellectuelles, pour retrouver force, courage et vitalité…

• Elle a également **une action reminéralisante**, ce qui permet par exemple de lutter contre les cheveux cassants, la chute de cheveux ou les ongles striés.

• C'est une plante «**altérative**» : elle nettoie et draine l'organisme en remettant en circulation les toxines de manière à ce qu'elles puissent être éliminées naturellement, notamment par les reins. En nettoyant le sang et en aidant à le régénérer, elle aide à combattre au passage de nombreux petits maux de peau : acné, maladies chroniques de la peau, urticaire…

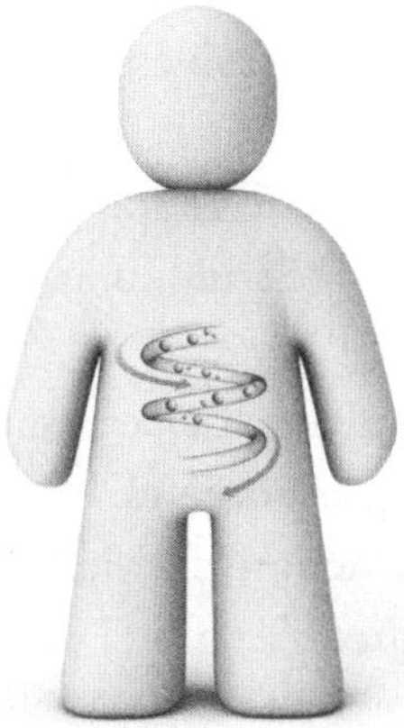

• Elle est **adaptogène**, c'est-à-dire qu'elle augmente la capacité de l'organisme à s'adapter à différents stress. En clair, elle l'aide à mieux résister.

• Elle contribue à rétablir **l'équilibre acido-basique.** Grâce à sa richesse en minéraux et sa capacité à booster l'élimination de l'acide urique, c'est une plante alcalinisante.

• C'est aussi un bon **diurétique.** Elle stimule la diurèse (la quantité d'urine produite) et contribue à éliminer l'acide urique qui, à la longue, encrasse l'organisme et provoque rhumatismes, arthrite, goutte… La racine d'ortie, elle, permet au contraire de diminuer le nombre de nycturies (le fait de se lever la nuit pour faire pipi) et de traiter l'hypertrophie de la prostate. Quant aux graines, elles sont traditionnellement utilisées pour résoudre les problèmes de « pipi au lit » chez les enfants.

• Elle stimule toute la **sphère digestive** (estomac, intestins, vésicule biliaire…), facilitant ainsi la digestion.

• Elle peut également aider à soulager **l'asthme et les allergies saisonnières.**

• Elle a une **action anti-inflammatoire** utile en cas d'arthrite, d'arthrose, de rhumatismes…

C'est d'ailleurs l'une de ses utilisations les plus anciennes.

• Elle aurait également des propriétés **glycémiorégulatrices.** En clair, elle contribuerait à la stabilisation du taux de sucre dans le sang, grâce à sa richesse en certains oligoéléments (zinc, manganèse, sélénium...). Mais attention, sur ce point, toutes les études scientifiques ne sont pas d'accord.

• Elle a des **vertus astringentes et hémostatiques** (c'est-à-dire qu'elle arrête les saignements). Elle peut ainsi être utilisée comme remède pour traiter les règles trop abondantes, les saignements de nez, les petites plaies...

• Elle a également **des vertus antiseptiques et cicatrisantes.** Voilà pourquoi on peut l'utiliser en externe pour soigner les petites blessures, les brûlures superficielles, mais aussi les problèmes de peau, le mal de gorge, les infections de la bouche (gingivite, aphte...).

• Les feuilles d'ortie sont **galactogogues** : elles stimulent la production de lait maternel, et contribuent à le rendre plus riche.

Quelles contre-indications ?

L'ortie n'est pas une plante toxique, même à forte dose. Il n'existe pas non plus de contre-indication majeure à sa consommation, quelle qu'en soit la forme. Mais, comme avec de nombreuses plantes, il y a certaines précautions à prendre.

• Chez certaines personnes, l'infusion d'ortie peut entraîner des ballonnements, voire une sensation d'inconfort digestif. Il suffit d'arrêter la consommation d'ortie pour que tout rentre dans l'ordre mais ces personnes ne pourront donc malheureusement pas profiter des multiples bienfaits de cette plante !

• À trop forte dose, l'ortie peut concurrencer l'action de certains médicaments, en l'entravant ou, au contraire, en la démultipliant. C'est le cas notamment des diurétiques, des anti-inflammatoires, des anticoagulants, des sédatifs ou des traitements contre l'hypertension. Un conseil donc : n'abusez pas de l'ortie si vous suivez l'un de ces traitements. **Et, dans tous les cas, si vous suivez un traitement médicamenteux pour quelque indication que ce soit, prenez la précaution de demander l'avis de votre médecin avant d'entamer une cure d'ortie.**

Ses principales utilisations pratiques

Il y a mille et une façons de profiter des bienfaits de l'ortie : en interne, comme légume ou sous forme de complément alimentaire; en externe, pour préparer des soins de beauté, des cataplasmes, des bains de bouche, des bains de pieds... C'est aussi un ingrédient qui rend de multiples services au jardin!

Un légume délicieux

On a souvent tendance à l'oublier, mais l'ortie n'est pas qu'une mauvaise herbe ou un aliment de disette! C'est aussi et d'abord un excellent légume, riche en minéraux, en vitamines... et en goût. L'attrait croissant pour les produits naturels et le retour en grâce des légumes « oubliés » ont permis de redécouvrir cette plante sauvage à la saveur si particulière. Elle s'invite même aujourd'hui à la table des grands chefs!

• L'ortie se consomme **principalement cuite**. Rassurez-vous : la cuisson supprime son effet urticant! Ainsi, elle est 100 % inoffensive pour votre bouche et vos papilles. Elle se cuisine un peu comme les épinards et on peut l'utiliser pour préparer des quiches, des soupes, des gratins… (voir nos recettes p. 137).

• **Vous pouvez aussi la consommer crue,** mais uniquement les très jeunes feuilles, hachées finement : elles sont beaucoup moins urticantes et meilleures au goût. Vous pouvez aussi les faire tremper dans de l'eau vinaigrée pour rendre leurs piquants inoffensifs. Elles sont délicieuses mélangées avec un peu d'huile d'olive, et utilisées comme une herbe aromatique par exemple dans une salade composée ou dans un plat de pâtes.

• L'ortie est également vendue **sous forme de paillettes ou de poudre**, dans des petits flacons. On l'utilise alors comme une épice, pour en saupoudrer les soupes, les plats de pâtes ou de légumes… (Voir nos conseils d'utilisation p. 136.)

• Dans les magasins bio et de produits naturels, on la trouve également **dans des produits préparés** comme des soupes (fraîches, en briques ou déshydratées, en sachets), des pâtés végétaux, des gelées…

Les règles de la cueillette et de la préparation

Si vous voulez cueillir des orties dans la nature pour votre consommation personnelle, veillez à respecter ces règles :

L'ortie concentre les minéraux qu'elle trouve dans la terre, mais aussi, par la même occasion, tous les toxiques. Attention donc à cueillir les orties les plus saines possibles : ramassez-les de préférence **dans des endroits non pollués**. Évitez les bords de route, préférez les orties de votre jardin ou de votre balcon si vous les faites pousser à la maison (voir p. 52). Méfiez-vous aussi des orties des champs et des parcelles cultivées, qui peuvent avoir été traitées avec des produits chimiques en même temps que les cultures !

Lavez-les soigneusement avant consommation. Faites-les tremper plusieurs fois : dans de l'eau vinaigrée (pour éliminer les petits insectes) puis à l'eau claire. Ainsi, vous faites coup double : vous les nettoyez et vous rendez leurs piquants inoffensifs. Plus de risque de vous piquer en les manipulant !

Un complément alimentaire de premier choix

Extrêmement riche en nutriments, l'ortie est un excellent complément alimentaire. À elle seule, elle peut remplacer tous les cocktails de vitamines de synthèse que l'on trouve en pharmacie !

• **En prévention,** elle empêche de nombreuses carences (notamment les plus fréquentes comme celles en calcium, magnésium, fer, vitamine C ou sélénium). De plus, elle booste les défenses pour rendre l'organisme plus résistant aux agressions et l'aide à mieux éliminer les toxines. Consommée régulièrement, elle prévient également certaines maladies comme l'arthrite ou les rhumatismes.

• Utilisée **en « traitement »**, en interne ou en externe, elle soulage de nombreux maux : rhumatismes, anémie, problèmes de peau, piqûres d'insectes, constipation, goutte, saignements de nez, allergies…

Le saviez-vous ?

L'ortie agit sur le long terme et ne demande qu'à vous accompagner au quotidien. Elle n'est pas un remède miracle à toutes les maladies mais elle a pour principal intérêt de combler nos carences en vitamines et minéraux dont nous souffrons tous ou presque. Vous pouvez donc la prendre à longueur d'année, sous forme de tisane ou de gélules. Vous pouvez aussi faire des cures de 2 ou 3 mois, puis une pause de quelques semaines avant d'en reprendre.

L'ortie en cure détox

On peut aussi profiter des bienfaits de l'ortie en cure de printemps de quelques semaines. Cette cure « détox » se fait traditionnellement en mars ou avril, pour aider l'organisme à **éliminer les toxines accumulées** pendant tout l'hiver et à retrouver la forme naturellement. Cela tombe bien car des études ont montré que les taux de protéines et de fer de l'ortie fraîche étaient à leur maximum à cette période de l'année. Si vous n'avez pas d'ortie fraîche à portée de main, vous pouvez bien sûr utiliser de l'ortie sèche.

Le principe de la cure d'ortie :

- Buvez 3 à 4 grandes tasses de tisane d'ortie par jour. Commencez par une tasse le matin à jeun et buvez-en ensuite une avant le déjeuner et une avant le dîner, ainsi qu'une tasse dans l'après-midi.
- En complément, adoptez une alimentation équilibrée et variée. Privilégiez les fruits et légumes frais. Pensez également à boire beaucoup d'eau.

Un ingrédient beauté et santé d'exception

L'ortie sert également, en externe, à préparer de nombreux soins beauté et santé. Pas de panique : « Il faut souffrir pour être belle », certes, mais on n'ira pas jusqu'à vous inciter à vous frotter la peau avec des feuilles d'ortie fraîche ! Car il existe mille et une autres façons de profiter de ses bienfaits : cataplasmes, shampooings, lotions, bains, gargarismes…

- L'ortie est **un secret de beauté pour les cheveux et la peau**. Elle sert à fabriquer des shampooings, des masques ou des lotions destinés à assainir les cheveux gras et traiter les problèmes de pellicules mais aussi à stopper la chute des cheveux, les renforcer et les rendre plus lumineux. En application sur les peaux grasses ou sensibles, elle a des vertus assainissantes, purifiantes et régénérantes.
- Elle s'utilise aussi comme **remède santé** : en gargarisme contre les maux de gorge, en bain de bouche pour traiter les aphtes ou les gingivites, en bain de pieds pour stimuler la circulation sanguine…

Un engrais naturel magique

Le purin d'ortie, vous connaissez? C'est un remède économique, facile à préparer et très efficace connu par tous les jardiniers amateurs attachés aux produits naturels et/ou bio. Riche en azote, en minéraux et en vitamines, il s'utilise aussi bien comme fertilisant que comme insecticide. Il booste la croissance des plantes et les protège contre certaines maladies et contre l'attaque de certains insectes en stimulant leurs défenses. Le tout **100 % naturellement** évidemment! On peut le fabriquer soi-même (voir la recette p. 124) ou l'acheter déjà prêt, dans les jardineries, sous forme liquide ou de poudre à diluer.

Le purin d'ortie de nouveau autorisé

En 2006, le purin d'ortie a été frappé par une interdiction de vente, de détention et d'utilisation. La loi du **6 janvier 2006**, qui le classait dans les produits phytopharmaceutiques non homologués, interdisait même d'en diffuser la recette. Sous peine de deux mois de prison ferme et d'une amende de 75 000 euros !

Cette interdiction a été levée en **avril 2011** par le ministère de l'Agriculture. Cette décision s'inscrit dans le cadre d'une douzaine de mesures destinées à promouvoir une alternative aux pesticides chimiques, comme le prévoit le plan Ecophyto 2018. Son objectif : réduire « si possible » de 50 % l'usage des pesticides dans l'agriculture d'ici cette date.

CHAPITRE 3

Ses différentes présentations

Fraîche ou sèche ?

L'ortie fraîche s'utilise principalement en cuisine, pour préparer des soupes, des quiches, des gratins, des boissons… Elle peut également être utilisée pour ses vertus beauté et santé, sous forme d'infusions ou de décoctions (voir p. 56), de bains de pieds, mais aussi en cataplasmes contre les rhumatismes… C'est la forme la plus intéressante de l'ortie, car elle conserve ainsi tous ses bienfaits. Seul problème : il est très rare (voire quasiment impossible) d'en trouver chez un primeur ou sur les marchés, même si sur Internet, il est possible de tomber sur un site qui vous vend des jeunes feuilles d'ortie fraîche à prix d'or… **Il vous faudra**

donc la cueillir vous-même. Elle se récolte principalement au printemps (en avril-mai), et on en trouve un peu partout : au bord des routes, dans les jardins, le long des chemins, dans les parcs, dans les champs (voir nos conseils pour la ramasser p. 22)... Si vous n'avez pas de jardin, pourquoi ne pas la faire pousser dans une simple jardinière? Ainsi, vous en aurez toujours à disposition!

Planter l'ortie chez soi : mode d'emploi

Si vous avez un jardin (et malheureusement pas d'orties qui poussent!)

Récupérez dans la nature quelques pieds d'ortie (avec les racines). Coupez-les à une dizaine de centimètres de hauteur et plantez-les dans votre jardin, dans un endroit ombragé. Maintenez le sol humide jusqu'à ce qu'elles repoussent. La bonne astuce : déposer quelques bouts de ferraille à leurs pieds. Ainsi les orties se gorgeront naturellement de fer!

Si vous n'avez qu'un balcon ou un rebord de fenêtre

Vous rêvez d'avoir une belle jardinière remplie... d'orties? Rien de plus simple! Pour cela, il vous faut : quelques graines d'ortie, du terreau bien riche, un pot, une jardinière, un sac plastique et du fertilisant naturel. L'idéal est de planter l'ortie au printemps.

→

• Remplissez votre pot de terreau et déposez-y les graines d'ortie puis recouvrez-les d'un peu de terreau. Entreposez le pot recouvert d'un sac plastique à l'intérieur de la maison, à l'abri du froid et de la lumière.

• Une fois que les germes ont pointé le bout de leur nez (environ 8 à 10 jours après la plantation), rempotez-les, en les espaçant bien, dans une jardinière remplie de terreau enrichi avec du fertilisant. Mettez la jardinière dehors, à l'ombre.

• Arrosez vos plantations régulièrement et apportez-leur fréquemment du fertilisant.

L'ortie sèche a perdu quelques-uns de ses bienfaits lors du séchage. Mais elle présente **plusieurs avantages par rapport à l'ortie fraîche** :

- Elle se trouve beaucoup plus facilement : dans les herboristeries, les magasins bio et de produits naturels, les pharmacies et les parapharmacies, sur Internet…
- Elle est vendue sous plusieurs formes : tisanes en vrac, sachets-doses, gélules…
- Elle est disponible toute l'année.
- Elle se conserve très bien.
- Elle est très facile d'emploi, et on l'utilise pour la plupart des applications pratiques : infusions, décoctions, cataplasmes, gargarismes, bains de pieds, cuisine, soins cosmétiques…

Le conseil en + : si vous voulez acheter des produits à base d'ortie sèche (gélules, tisanes…), n'hésitez pas à mettre le prix pour avoir de la qualité. En effet, de la qualité de son séchage dépend sa richesse nutritionnelle. Or l'ortie doit être séchée avec la plus grande délicatesse, et dans des conditions très particulières, afin de conserver le maximum de ses précieuses vitamines.

Faire sécher des orties : mode d'emploi

Pour profiter toute l'année des vertus des orties que vous avez ramassées au printemps, vous pouvez les faire sécher vous-même. C'est très facile, à condition de respecter ces règles :

• **Triez** les orties afin d'enlever les feuilles les plus dures et les tiges les plus grosses.

• **Rincez** les orties plusieurs fois dans de l'eau vinaigrée, puis dans de l'eau claire. Égouttez-les et essorez-les soigneusement dans un torchon propre.

• **Faites-les sécher** dans un endroit bien aéré (car les orties ont tendance à fermenter), à l'abri de la lumière, à plat ou suspendues en bouquet. Le temps de séchage dépend de la température ambiante, du taux d'humidité... Sachez également que les feuilles sèchent plutôt rapidement (en quelques heures), ce qui n'est pas le cas des tiges, pour lesquelles il faut plusieurs jours.

• Une fois que les orties sont sèches, **conservez-les** entières dans un bocal bien fermé ou réduisez-les en paillettes ou en poudre à l'aide d'un mixeur.

Sous quelle forme l'utiliser ?

Les infusions et décoctions d'ortie

L'ortie fraîche ou sèche sert à préparer des infusions et des tisanes. Le principe est simple : mettez **1 cuillère à soupe de feuilles d'ortie séchée ou 1 petite poignée de feuilles d'ortie fraîche** dans une grande tasse, arrosez de 200 ml d'eau bouillante et laissez infuser pendant 10 minutes environ. Pensez à couvrir votre infusion afin de ne pas perdre ses précieux bienfaits. Filtrez et buvez. Vous pouvez consommer jusqu'à un litre de tisane d'ortie par jour. On peut prendre l'ortie sous cette forme pour de multiples indications santé. L'avantage de cette utilisation : les minéraux sont bien extraits lors de l'infusion. De plus, c'est économique (par rapport aux gélules par exemple). Seul petit bémol : son goût qui ne plaît pas forcément à tout le monde. Si tel est votre cas, vous pouvez ajouter une petite cuillerée de miel ou la faire infuser avec quelques feuilles d'une autre herbe (menthe par exemple) pour adoucir son goût.

À noter : si vous laissez infuser les feuilles d'ortie trop longtemps (1 heure ou plus), vous constaterez que votre tisane noircit. En fait, elle s'oxyde. C'est le signe de sa richesse en fer.

Le principe des décoctions est légèrement différent. Il s'emploie **pour les parties plus « dures » de la plante** (comme les racines et les graines). Le principe : on jette la plante dans de l'eau froide puis on porte la préparation à ébullition et on laisse bouillir quelques minutes. Il faut ensuite laisser reposer le tout 10 minutes puis filtrer avant de boire.

Les gélules d'ortie

Plusieurs marques de compléments alimentaires proposent de l'ortie – feuilles ou racines – sous forme de gélules avec, souvent, des écarts de prix qui se justifient par des différences de qualité. Pour faire votre choix, pensez à scruter attentivement les étiquettes à la recherche de ces informations :

- **La composition de l'enveloppe de la gélule :** s'il est simplement indiqué « gélatine », sachez qu'il s'agit sûrement de gélatine animale. Certaines marques proposent, elles, des gélules en cellulose végétale : c'est parfois mentionné sous l'appellation « enveloppe 100 % d'origine végétale ».

• **Le mode de fabrication de la poudre d'ortie contenue dans la gélule** diffère également d'un fabricant à l'autre. La meilleure technique est celle du cryobroyage (les feuilles d'ortie sont broyées à froid, c'est-à-dire congelées entre deux cylindres en acier), car elle permet de conserver les précieux bienfaits de la plante et d'obtenir une poudre fine parfaitement assimilable par l'organisme. Mais c'est aussi un procédé coûteux, qui explique en partie les écarts de prix d'une marque à l'autre. Malheureusement, il est rarement précisé sur l'emballage quelle technique de fabrication est employée par le fabricant.

• **La provenance de l'ortie** (pays d'origine) est également rarement précisée sur l'étiquette.

• **Pour le dosage**, fiez-vous aux recommandations du fabricant car la teneur en ortie des gélules est différente selon la marque. N'hésitez pas également à demander conseil à votre médecin ou pharmacien.

À noter : on trouve souvent l'ortie dans des complexes reminéralisants, associée à d'autres plantes, pour traiter certains problèmes particuliers : troubles de la prostate, chute de cheveux, arthrite, problèmes dermatologiques…

La poudre d'ortie

Séchée et mixée finement, l'ortie est également vendue sous forme de poudre. On la trouve :

- Dans les épiceries fines, conditionnée **en petits flacons** (comme une épice). On l'utilise pour agrémenter les soupes, les salades, les gratins ou n'importe quel autre plat en profitant de tous ses bienfaits nutritionnels.
- Dans les boutiques et sur les sites spécialisés dans les cosmétiques maison, comme un **ingrédient à part entière pour fabriquer des soins de beauté** : shampooings et masques capillaires, soins pour le visage, bains…

Le jus ou le suc d'ortie

Conditionné le plus souvent en ampoules ou en flacons, le jus d'ortie fraîche ou suc d'ortie fraîche est intéressant car **il conserve bien les principes actifs de la plante.** Mais son coût est un peu élevé.

Le conseil en + : préparez-le vous-même en passant des orties fraîches à la centrifugeuse ou au mixeur.

Suc d'ortie : la recette (au mixeur)

- Triez l'équivalent d'un bol de feuilles d'ortie fraîche. Rincez-les soigneusement.
- Hachez-les grossièrement, ajoutez un verre d'eau et mixez le tout. Filtrez en pressant bien pour récupérer le suc.
- Buvez cette préparation avant le repas, en ajoutant un peu d'eau si vous le désirez.

À noter : pour conserver tous ses précieux nutriments, ce suc se prépare juste avant de le boire. Il ne se conserve pas.

Les granulés homéopathiques d'ortie

En homéopathie, on utilise **la petite ortie ou ortie brûlante** (*Urtica urens*), pour traiter de nombreux maux : certains troubles cutanés (eczéma, urticaire, réactions allergiques...), les rhumatismes, les troubles urinaires ou intestinaux, la goutte, les intoxications alimentaires avec des fruits de mer...

La teinture-mère d'ortie

La teinture-mère (aussi appelée extrait hydroalcoolique, alcoolature ou macération) est le résultat de la macération de feuilles d'ortie dans de l'alcool. Ce procédé permet d'extraire **le maximum de principes actifs** de la plante. Et l'alcool sert en même temps de conservateur. Attention toutefois : cette forme est déconseillée aux enfants (car elle contient de l'alcool !).

Le dosage conseillé : 15 à 25 gouttes, 3 fois par jour, à diluer dans ½ verre d'eau, de jus de fruits ou une tisane. On peut également l'utiliser en externe, par exemple pour soulager une piqûre d'insecte ou pour frictionner le cuir chevelu en cas de chute de cheveux.

La teinture-mère d'ortie maison : la recette

- Rincez 20 g de feuilles d'ortie et hachez-les très finement.
- Mettez-les dans un mortier et versez 40 cl d'alcool à 90° ou de vodka. Écrasez-les longuement à l'aide d'un pilon. Versez la préparation dans un bocal et laissez-la macérer pendant 3 semaines.
- Filtrez et conservez le jus obtenu dans un petit flacon. Refermez et laisser reposer 1 semaine avant utilisation. Cette teinture-mère maison se conserve 3 ans.

L'huile d'ortie

L'huile d'ortie est un excellent moyen de profiter des multiples bienfaits de cette plante. L'huile permet en effet d'extraire de façon optimale ses actifs bienfaisants. À défaut de la trouver dans le commerce, on peut la préparer soi-même à la maison avec des feuilles d'ortie fraîches et de l'huile d'olive.

Ses utilisations sont nombreuses : on peut en ajouter quelques gouttes dans les salades ou les plats chauds, s'en servir pour la fabrication de cosmétiques maison, comme huile de massage, pour le soin des cheveux fatigués…

L'huile d'ortie maison : la recette

- Hachez finement l'équivalent d'un bol de feuilles d'ortie fraîche.
- Versez 25 cl d'huile d'olive dans une casserole et ajoutez les orties hachées. Faites chauffer et arrêtez le feu avant l'ébullition. Laissez infuser 1 heure puis filtrez.
- Cette huile se conserve plusieurs mois dans une bouteille en verre, à l'abri de la lumière.

L'élixir floral d'ortie

À mi-chemin entre la phytothérapie et l'homéopathie, les élixirs floraux, tirés de plantes ou de fleurs, sont utilisés pour **traiter certains états émotionnels**, pour rétablir l'harmonie entre le corps et le psychisme. Dans le cas précis de l'ortie, cet élixir est préconisé en cas de conflit au sein de la famille, de problèmes de communication, de rupture familiale…

Les produits cosmétiques à base d'ortie

Aujourd'hui, on trouve dans le commerce, notamment dans les magasins de produits bio et naturels, de nombreux soins à l'ortie : shampooings et après-shampooings (notamment pour les cheveux gras et les problèmes de pellicules), gels minceur, gels pour les problèmes de circulation et de jambes lourdes, savons (pour les problèmes d'acné, d'eczéma…), etc.

Le conseil en + : avant de choisir un produit, **vérifiez bien sa teneur en ortie !** Certains soins n'en contiennent effectivement que très peu…

À noter : vous pouvez aussi fabriquer vos propres soins cosmétiques à base d'ortie (shampooings, savons, crèmes, lotions…). Rendez-vous dans la deuxième partie de cet ouvrage (p. 103) pour découvrir toutes les recettes !

PARTIE 2

Applications pratiques

CHAPITRE I

Ses utilisations santé

Acné

L'acné est une inflammation de la peau, fréquente à l'adolescence (85 % des ados en souffrent !), mais qui peut aussi concerner les adultes. Pour la traiter, on pense souvent aux soins externes… qui ne font pas tous dans la douceur ! Mais on mise plus rarement sur des soins internes qui vont purifier la peau de l'intérieur. En effet, l'acné peut parfois être due à une mauvaise élimination des toxines par le foie. En misant sur l'ortie et **ses vertus dépuratives**, vous relancez ce processus et retrouvez petit à petit une peau saine.

En pratique

- Buvez régulièrement **des tisanes d'ortie** ou faites une cure de **gélules d'ortie** pendant 3 mois minimum.
- En complément, vous pouvez passer sur votre peau **un coton imbibé d'infusion d'ortie fraîche ou d'ortie séchée** (voir recette et dosage p. 56). À faire sur une peau démaquillée et propre matin et/ou soir.

Allaitement

L'allaitement est une période où la jeune maman doit veiller doublement à son alimentation. À ce titre, l'ortie présente plusieurs atouts. Tout d'abord, elle stimule la production de lait (c'est **une plante « galactogène »**, comme le fenouil, le cumin, le fenugrec ou l'anis). De plus, grâce à sa richesse nutritionnelle exceptionnelle, elle fournit tous les nutriments nécessaires à la fabrication d'un bon lait ! Sans oublier ses vertus reminéralisantes antifatigue que toute jeune maman appréciera après son accouchement et dans les premières semaines avec Bébé…

En pratique

- Prenez régulièrement de l'ortie **sous forme de tisanes ou de gélules.**
- Vous pouvez aussi, si c'est la bonne saison, prendre l'habitude de mettre l'ortie au menu : soupes, quiches, omelettes…

Anémie

Fatigue, pâleur et essoufflement sont les principaux signes de l'anémie. Cette maladie, due à un manque de globules rouges dans le sang, est très courante : selon les chiffres de l'OMS (Organisation mondiale de la santé), 25 % de la population mondiale en souffre. La forme la plus courante est l'anémie « ferriprive », due à une carence en fer. Les causes : une alimentation pauvre en fer et/ou des règles abondantes. Elle concerne principalement les femmes dont les besoins en fer sont supérieurs à ceux des hommes, notamment lors de la grossesse (voir p. 83) et après l'accouchement. Pour faire le plein de fer, il faut évidemment privilégier les aliments riches en fer, comme la viande rouge. L'ortie en est également une excellente source :

c'est même **la plante la plus riche en fer**. Son intérêt ne s'arrête pas là : elle est aussi très riche en vitamine C, indispensable pour améliorer l'assimilation du fer non-héminique (c'est-à-dire contenu dans les végétaux).

En pratique

Faites des **cures d'ortie** sous forme de tisanes ou de gélules. Et goûtez-la aussi en légume !

Arthrite, rhumatismes, douleurs articulaires, lumbago

Comme son nom l'indique, l'arthrite est une inflammation des articulations (mais aussi des ligaments, des tendons...) : *arthron* signifiant articulation en grec, et *ite*, inflammation en latin. Une maladie que l'on connaît aussi, plus communément, sous le nom de « rhumatismes ». Ses symptômes sont divers : douleurs, raideurs voire, dans certains cas, rougeurs et enflures. On connaît encore assez mal les origines de cette maladie. L'une des causes avancées : sous l'effet de plusieurs facteurs (alimentation déséquilibrée, stress, mauvaise hygiène de vie...), des substances toxiques et acides s'accumulent dans l'organisme au lieu d'être évacuées. Elles se retrouvent alors dans le sang et se déposent sur les articulations et les cartilages, ce qui cause l'inflammation. L'ortie se révèle utile car, grâce à son action diurétique et dépurative, elle aide à **évacuer ces déchets acides de l'organisme**, et donc à soulager les douleurs liées aux rhumatismes. De plus, elle contient de la silice qui favorise la **reminéralisation** et la souplesse des articulations, et elle a une **action anti-inflammatoire**. Autrefois, on utilisait aussi l'ortie en externe : on se frottait le corps avec une poignée d'orties pour soulager les douleurs et les rhumatismes chroniques. C'est **la friction d'ortie ou l'urtication**. Si le cœur vous en dit, vous pouvez toujours essayer. Mais sachez qu'il existe aussi des alternatives tout aussi efficaces et moins... désagréables !

En pratique

- Buvez régulièrement **des infusions d'ortie**, jusqu'à 1 litre par jour. Pour encore plus d'efficacité, utilisez des mélanges de racines et feuilles séchées.

• Vous pouvez aussi essayer l'homéopathie. Matin et soir, diluez **20 gouttes d'Urtica urens 6 DH** dans un verre d'eau. À prendre pendant 3 mois.

• Vous pouvez également prendre **des bains de mains ou de pieds à l'ortie.** Dans une bassine d'eau tiède, jetez 1 à 2 cuillères à soupe d'ortie sèche ou 1 poignée d'orties fraîches, et plongez-y vos mains ou vos pieds pendant une dizaine de minutes.

• **En cataplasmes,** l'ortie est également efficace : utilisez des feuilles d'ortie fraîche ou sèche, préalablement ramollies dans de l'eau chaude et essorées. Appliquez sur la partie douloureuse, recouvrez d'un linge et laissez en place une trentaine de minutes.

• Vous pouvez aussi l'utiliser sous forme de poudre. Dans un bol, mélangez 2 **cuillères à soupe de poudre d'ortie** avec un peu d'eau bouillante de manière à obtenir une pâte. Appliquez ce cataplasme encore chaud sur la zone douloureuse et recouvrez avec un tissu en coton. Laissez agir 5 à 10 minutes puis rincez.

L'urtication, le traitement de choc !

Nos ancêtres avaient bien compris les vertus de l'ortie pour soulager rhumatismes et autre mal de dos : ils fouettaient pendant plusieurs minutes leurs zones douloureuses avec un bouquet d'orties fraîches. Certes, la sensation n'est pas des plus agréables sur le coup, mais les effets sont réels. Le secret de l'ortie : sa richesse en histamine, contenue dans ses poils urticants. En cas de douleurs persistantes, vous pouvez vous aussi tester ce remède de choc ! À ne pas faire chez les enfants ni les femmes enceintes.

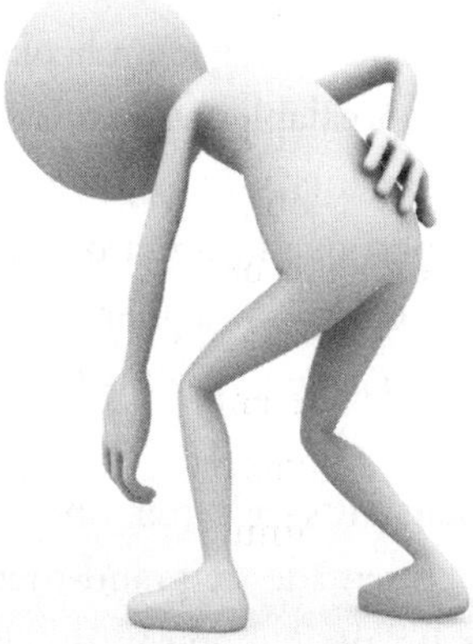

Blessure, petite brûlure, saignement de nez

L'ortie a des propriétés astringentes, c'est-à-dire qu'elle provoque la contraction des tissus et des vaisseaux sanguins, ce qui permet d'arrêter les saignements. Autrefois, c'était même le remède numéro un en cas de saignement de nez !

En pratique

- Si vous avez une petite blessure qui saigne, utilisez **la teinture-mère d'ortie** : versez 2 ou 3 gouttes de la préparation sur une compresse et appliquez sur la blessure.
- Vous pouvez aussi mettre sur la plaie **quelques feuilles d'ortie préalablement froissées** entre les doigts (avec des gants !). Pratique par exemple en cas de petit bobo quand on jardine !
- Autrefois, en cas de saignement de nez, on plaçait dans la narine des feuilles d'ortie fraîche froissées et roulées entre les doigts. C'était radical ! On peut aussi adopter une version plus pratique de ce remède de grand-mère : il suffit d'imprégner un petit morceau de coton de **jus d'ortie ou de teinture-mère d'ortie** et de le placer dans la narine.

• Pour apaiser les brûlures légères, sachez que **certaines pommades** vendues en pharmacie ou parapharmacies contiennent des extraits de petite ortie (*Urtica urens*) : demandez conseil à votre pharmacien.

Bouton de fièvre, herpès labial

Les boutons de fièvre (aussi appelés herpès labial) se manifestent par l'apparition sur les lèvres de petites vésicules qui démangent et picotent. Ils sont dus à un virus qui se réactive sous l'influence de différents facteurs : affaiblissement du système immunitaire, stress, fièvre, soleil, froid… Le virus de l'herpès ne disparaît jamais totalement de l'organisme, mais on peut traiter ses manifestations. Grâce à **ses vertus assainissantes et anti-inflammatoires**, l'ortie permet d'accélérer la guérison des lésions et de soulager la douleur.

En pratique

Préparez **une infusion d'ortie** avec 1 cuillère à soupe de feuilles d'ortie séchée dans 200 ml d'eau bouillante. Laissez infuser 15 minutes, filtrez et laissez refroidir. 2 à 3 fois par jour, passez sur vos lèvres un coton imbibé de cette solution.

Calcul rénal, colite néphrétique

Très douloureux, les calculs rénaux résultent de la cristallisation de sels minéraux et d'acides présents en trop grande quantité dans l'urine. Il se forme alors des petits cristaux très durs dans le rein. Leur élimination est parfois difficile : elle peut boucher un uretère, causant alors de vives douleurs. C'est ce qu'on appelle la colite néphrétique. Plusieurs facteurs expliquent la formation de calculs rénaux : une mauvaise hydratation (consommation trop faible d'eau), une alimentation déséquilibrée, un manque d'activité physique, la prise de certains médicaments… Parfois, ils sont dus à un excès d'acide urique : c'est ce qui cause également la goutte (voir p. 82). Dans tous ces cas, la prise de tisanes d'ortie est utile pour prévenir et traiter les calculs rénaux car elle a un **effet diurétique**. En clair, elle augmente le flot urinaire et aide donc à l'élimination des minéraux et des acides.

En pratique

Prenez l'habitude de boire régulièrement **des tisanes d'ortie.**

Le conseil en + : en complément, veillez à adopter une bonne hygiène de vie – une bonne hydratation, une alimentation équilibrée, riche en fruits et légumes et en fibres, un minimum d'activité physique…

Défenses immunitaires

Vous êtes du genre à être enrhumé tout l'hiver ? Ou alors à attraper le moindre virus qui traîne dans votre entourage ? C'est le signe que votre système immunitaire n'est pas au top ! Grâce à sa richesse nutritionnelle, l'ortie va vous aider à **renforcer vos défenses** : votre organisme saura mieux résister naturellement aux agressions de toutes sortes.

En pratique

- Buvez **1 ou 2 tasses de tisane d'ortie** par jour, en commençant avant l'arrivée de la saison froide (en septembre par exemple).
- Vous pouvez aussi faire **une cure de gélules d'ortie** pendant 2 à 3 mois, à partir de septembre.

Diabète

Le diabète est une maladie chronique qui se définit par une mauvaise régulation du taux de sucre dans le sang (la glycémie). Selon certaines études scientifiques, l'ortie aurait **la capacité de faire baisser la glycémie** grâce à la présence de glucokinine (une substance que l'on retrouve par exemple dans l'oignon, un légume reconnu scientifiquement pour ses propriétés antidiabétiques). Mais d'autres recherches sont nécessaires pour confirmer cet effet bénéfique. Quoi qu'il en soit, la consommation d'ortie, riche en bons nutriments, ne peut être que bonne pour la santé !

En pratique

Prenez l'habitude de boire **des tisanes d'ortie** ou mettez régulièrement **l'ortie-légume au menu.**

Eczéma, psoriasis

L'eczéma, ou dermatite atopique, est la maladie de peau la plus fréquente. Il en existe plusieurs sortes : l'eczéma chronique, d'origine allergique, l'eczéma de contact, l'eczéma séborrhéique… Ses causes sont encore assez mal connues. On met souvent en avant la prédisposition génétique, l'influence du stress, le contact avec des allergènes… À défaut de guérir totalement la maladie, l'ortie peut se révéler efficace en complément d'un traitement adapté : elle va aider à **purifier le sang** et la lymphe et à **réduire l'inflammation.** De la même manière, l'ortie peut aider à soigner le psoriasis.

En pratique

- Faites **une cure d'ortie** sous forme de gélules ou de tisanes.

• Vous pouvez aussi nettoyer régulièrement votre peau avec **un coton imbibé d'infusion d'ortie ou de quelques gouttes de teinture-mère d'ortie**. À faire sur une peau propre.
• Autre solution : vous laver régulièrement avec un **savon à l'ortie** (en vente dans certaines parapharmacies, herboristeries ou magasins de produits naturels).

Fatigue, convalescence

Qui ne s'est jamais plaint d'être fatigué ? Stress, mauvaise alimentation, mauvaise hygiène de vie, manque de sommeil, maladie… les causes de la fatigue sont nombreuses. Dans tous les cas, la consommation d'ortie est un bon réflexe à adopter car, grâce à son exceptionnelle richesse nutritionnelle, elle va aider à **combler les carences** en vitamines et minéraux. De plus, grâce à **ses vertus dépuratives**, elle va nettoyer tout l'organisme, lui offrant une nouvelle vigueur !

En pratique

• Faites **une cure d'ortie** (sous forme de gélules ou de tisanes) pendant 2 ou 3 mois. Et pensez à en faire régulièrement, au moment des changements de saison par exemple car ce sont souvent des périodes critiques, pendant lesquelles on est plus fatigué.

- Vous pouvez aussi prendre **un bain d'ortie** : c'est parfait pour retrouver la pêche ! Deux solutions pour le préparer. Vous pouvez jeter directement une poignée d'orties fraîches ou 20 g d'orties sèches dans un bain bien chaud, et laisser infuser 5 minutes avant d'y entrer. Autre solution : préparez votre infusion d'ortie avec 1 litre d'eau bouillante, laissez infuser 15 minutes, filtrez puis versez dans l'eau du bain.

Goutte

La goutte est due à un excès d'acide urique dans le sang. Celui-ci est causé par une surconsommation de protéines et plus précisément d'aliments riches en purine (viandes blanche et rouge, abats, poissons frais et en conserves, fruits de mer…). Il est également causé par la consommation d'alcool (notamment la bière), par la prise de certains médicaments, par certains problèmes de santé (comme un problème rénal) mais aussi par l'hérédité ou le stress. La crise se manifeste par une douleur arthritique aiguë dans le gros orteil : l'articulation enfle et devient rouge. Pour traiter la goutte, l'ortie est un excellent remède car elle va **stimuler l'élimination de l'acide urique**. De plus, elle apporte d'autres nutriments intéressants qui vont aider à réduire le taux d'acide urique : vitamine C et potassium.

En pratique

Suivez régulièrement **des cures d'ortie** sous la forme que vous voulez : tisanes ou gélules.

Grossesse

La grossesse n'est pas une maladie, mais une période où les besoins en certains nutriments augmentent. C'est le cas notamment de **l'acide folique, du fer ou de la vitamine K, trois nutriments contenus en grande quantité dans l'ortie**. L'acide folique (aussi appelé folates ou vitamine B9) est essentiel durant toute la grossesse, et particulièrement au premier trimestre, pour favoriser la division cellulaire et la synthèse des cellules notamment celles du système nerveux. Le fer est également un nutriment essentiel pendant ces neuf mois, pour vous comme pour le bébé : les besoins augmentent, particulièrement aux deuxième et troisième trimestres. Enfin, la vitamine K est indispensable pour la coagulation du sang, elle est donc particulièrement importante en fin de grossesse. De façon plus générale, l'extraordinaire richesse nutritionnelle de l'ortie la rend intéressante comme complément alimentaire pendant cette période où une alimentation variée et équilibrée est essentielle, car elle va combler les carences.

En pratique

• N'attendez pas d'être enceinte pour profiter des bienfaits de l'ortie : autant combler ses carences avant, et être sûre d'être au top dès les premiers jours de la grossesse. **Dès que vous avez décidé de faire un bébé, entamez votre cure d'ortie.**

• Attention toutefois : on déconseille parfois l'ortie fraîche et crue pendant la grossesse car elle pourrait être abortive mais, sur ce point, tous les professionnels de santé ne sont pas d'accord. Pour éviter tout risque, prenez-la **uniquement sous forme sèche** (infusions, gélules…) **ou cuite.**

Le conseil en + : après l'accouchement, vous avez tout intérêt à poursuivre la prise d'ortie. Elle va en effet vous aider à retrouver votre forme et toute votre énergie plus rapidement. De plus, elle stimule la production de lait : idéal si vous avez choisi d'allaiter (voir « Allaitement », p. 68).

Infection urinaire, cystite

Les infections urinaires sont des infections bactériennes qui peuvent toucher différents organes du système urinaire : reins, vessie, urètre... Dans plus de 80 % des cas, elles sont causées par une bactérie intestinale de type *Escherichia coli*. Les plus courantes, notamment chez les femmes, sont les inflammations de la vessie, aussi appelées cystites. L'ortie est un remède intéressant pour soulager ces inflammations, et accélérer la guérison, grâce à son **effet drainant et anti-inflammatoire**.

En pratique

Préparez **une infusion d'ortie** avec 2 à 5 g de feuilles séchées pour 150 ml d'eau. Laissez infuser 10 à 15 minutes avant de filtrer. Buvez 3 tasses par jour.

Libido

Depuis l'Antiquité, l'ortie est préconisée pour stimuler les ardeurs sexuelles. Galien lui-même, le père de la pharmacie moderne, recommandait de prendre des graines d'ortie avant « le jeu de l'amour». L'ortie a la propriété de **stimuler la circulation sanguine**, à tel point que certains n'hésitaient pas à se rouler dans des buissons d'orties… nus évidemment! Les vertus aphrodisiaques de l'ortie s'expliquent sûrement en raison de ses propriétés tonifiantes, qui en font **un excellent antifatigue**. Mais pas seulement : plusieurs études scientifiques très sérieuses ont confirmé les croyances des Anciens. L'ortie est effectivement une plante bonne pour la libido, et ce à plus d'un titre. Les graines (et les piquants) de l'ortie contiennent notamment de **l'acétylcholine**, un neurotransmetteur essentiel à l'activité sexuelle. De plus, chez les hommes, la consommation régulière de racine d'ortie **limite le dérèglement hormonal** à l'origine notamment des problèmes de prostate, de chute de cheveux (voir «Troubles de la prostate», p. 99 et «Chute de cheveux», p. 110)… et aussi de baisse de la libido!

En pratique

- Écrasez grossièrement **1 cuillère à soupe de graines d'ortie** à l'aide d'un pilon. Ajoutez un peu de miel et avalez cette mixture chaque matin. À prendre pendant 3 semaines.

• N'hésitez pas à faire régulièrement **des cures d'ortie** sous forme de gélules, tisanes ou légume. C'est excellent pour retrouver la forme… physique, mentale et sexuelle !

Mal de gorge, angine

Un début de mal de gorge ? Encore **une mission pour l'ortie** !

En pratique

Préparez une infusion d'ortie : 1 cuillère à soupe d'ortie séchée dans une tasse d'eau chaude, à laisser infuser pendant 10 minutes. Filtrez et laissez refroidir. **Utilisez cette infusion d'ortie en gargarismes,** plusieurs fois par jour, jusqu'à amélioration des symptômes.

Maux de bouche

L'ortie est **un remède précieux** pour tous les petits maux de bouche : aphtes, inflammations des gencives (gingivites), petites infections, douleurs dentaires… Dans ce cas, on l'utilise tout simplement en bains de bouche : un remède bien connu de nos grands-mères dans les campagnes !

En pratique

- Préparez une infusion d'ortie : 1 cuillère à soupe d'ortie séchée dans une tasse d'eau chaude, à laisser infuser pendant 10 minutes. Filtrez et laissez refroidir. **Utilisez cette infusion d'ortie en bain de bouche**, après vous être brossé les dents.
- Autrefois, pour les douleurs dentaires, on utilisait aussi **quelques feuilles d'ortie pilées ou bouillies et mélangées avec du sel**. On appliquait alors ce cataplasme sur la face interne de la joue ou directement sur la dent malade.

Ménopause

La ménopause est une période d'intenses bouleversements hormonaux. Et les « symptômes » sont nombreux : bouffées de chaleur, irritabilité, problèmes de sommeil, baisse de la libido, chute de cheveux, peau et cheveux plus secs, ostéoporose… Sans compter tous les troubles plus directement liés à l'âge comme les rhumatismes. Bref, **pour soulager tous ces petits maux**, l'ortie se révèle très intéressante.

En pratique

- Faites régulièrement des cures d'ortie sous la forme que vous voulez : **gélules ou tisane.**
- En complément, vous pouvez prendre l'habitude de mettre fréquemment **l'ortie-légume au menu.**

Ostéoporose

Avec l'âge, les os deviennent plus fragiles et les risques de fracture plus grands : c'est un processus naturel et fréquent, notamment chez les femmes après la ménopause. On estime qu'une femme européenne sur trois est ou sera concernée ! Mais il n'est pas irréversible : l'ostéoporose est en effet due à un manque en minéraux, notamment le calcium et le phosphore. À ce titre, la consommation régulière d'ortie peut avoir des effets protecteurs intéressants. En effet, cette plante est non seulement **riche en calcium** (presque autant que le fromage !) mais, en plus, elle apporte **de nombreux autres minéraux et vitamines qui facilitent l'assimilation de ce calcium** : magnésium, silicium, bore, zinc, vitamines C, B6, K...

En pratique

Consommez régulièrement de l'ortie sous forme de **gélules, de tisanes ou en légume**. Prenez-la en prévention, dès la ménopause par exemple.

Le conseil en + : en complément, pensez à faire le plein de vitamine D, une autre vitamine essentielle à la fixation du calcium, et que l'on ne trouve pas dans l'ortie. Elle est contenue dans les poissons gras, comme le saumon, le thon, les sardines, le maquereau... On peut aussi en emmagasiner en s'exposant au soleil (avec les précautions qui s'imposent évidemment !).

Pipi au lit

Autrefois, aux enfants qui faisaient « pipi au lit », on donnait une mixture à base de graines d'ortie pilées et mélangées avec du miel. Les graines d'ortie sont **un antiénurétique réputé** depuis des siècles car elles ont pour effet de tonifier la vessie.

En pratique

Le meilleur moyen de donner des graines d'ortie à votre enfant est de les lui proposer sous forme de **petits gâteaux de seigle à l'ortie**, dont voici la recette, directement héritée de nos grands-mères : dans un bol, mélangez 60 g de farine de seigle et 16 g de semences d'ortie pilées. Ajoutez un peu d'eau chaude de façon à obtenir une pâte. Ajoutez 1 cuillère à soupe de miel de forêt et pétrissez. Divisez la pâte en petits tas et faites-les cuire au four 10 minutes. Donnez 1 ou 2 biscuits à votre enfant le soir au coucher.

Piqûre d'insecte

Calmer les démangeaisons causées par une piqûre d'insecte avec de l'ortie ? L'idée paraît saugrenue et pourtant, l'ortie est très efficace ! Dans ce cas, il ne s'agit pas de se frotter la peau avec des feuilles d'ortie fraîche et bien piquante, mais de l'utiliser sous forme de teinture-mère ou de pommade. Soigner le mal par le mal, c'est un peu **le principe de l'homéopathie** !

En pratique

- Appliquez **quelques gouttes de teinture-mère d'ortie** sur la partie piquée, le plus rapidement possible après la piqûre. Renouvelez si besoin.
- **Certaines pommades** vendues en pharmacie ou parapharmacies pour apaiser les piqûres d'insectes contiennent de la petite ortie (*Urtica urens*) : demandez conseil à votre pharmacien.

Problèmes digestifs

L'ortie peut également soulager de nombreux problèmes d'ordre digestif : diarrhée, flatulences, maladie du côlon… Elle agit grâce à ses vertus dépuratives. De plus, elle **active les sécrétions de tous les organes de la sphère digestive** (estomac, fois, pancréas, intestins…), ce qui aide à mieux digérer.

En pratique

- En prévention, si vous êtes sujet aux problèmes digestifs, buvez régulièrement des **infusions d'ortie.**
- Vous pouvez aussi miser sur l'ortie ponctuellement, en cas de problème particulier : diarrhée, problème de digestion… Vous pouvez boire jusqu'à 1 litre d'**infusion d'ortie** par jour.

Régime minceur

L'ortie n'est pas en tant que telle une plante minceur ou brûle-graisses. Mais elle possède **plusieurs vertus intéressantes dans le cadre d'un régime**. En effet, grâce à sa richesse en vitamines et minéraux, elle comble les carences qui sont fréquentes lorsqu'on décide d'entamer un régime, surtout s'il est très restrictif. De plus, elle stimule la diurèse, ce qui permet d'éliminer plus vite les toxines et les graisses accumulées. À noter : l'ortie stimule l'élimination tant qu'il y a des déchets en surcharge à éliminer. Une fois la situation normalisée, le débit urinaire se stabilise voire diminue car l'ortie a également une action tonifiante sur le rein.

En pratique

En complément d'une alimentation variée et équilibrée, buvez **2 à 3 tasses de tisane d'ortie** chaque jour.

Règles abondantes

L'ortie a une **action antiménorragique**, c'est-à-dire qu'elle est indiquée en cas de menstruations abondantes. Autre atout : une consommation régulière d'ortie permet aux femmes qui ont des règles très abondantes de compenser les pertes en fer dues aux saignements.

En pratique

Faites **des cures régulières d'ortie** sous forme de tisanes, gélules ou légume.

Rétention d'eau

L'ortie a des **vertus diurétiques et drainantes** : elle stimule l'élimination des déchets par les reins et la vessie, ce qui la rend utile en cas de rétention d'eau.

En pratique

Faites **des cures de tisanes d'ortie**, en buvant entre 1 et 3 tasses par jour.

Rhinite allergique

Plus d'une personne sur cinq souffre de rhinite allergique, que l'on appelle aussi plus communément « rhume des foins ». Elle se manifeste par divers symptômes : éternuements à répétition, larmoiements, nez qui coule, démangeaisons dans le nez, irritation des yeux… Il s'agit en fait d'une réaction allergique : le système immunitaire se rebelle contre une substance étrangère. Ces allergènes peuvent être des pollens d'arbres ou de graminées d'herbes (allergies saisonnières), des poils d'animaux, des moisissures, de la poussière (on parle alors de rhinite persistante, car ces allergènes sont présents en permanence)… Dans les deux cas, la prise d'ortie peut **soulager les symptômes**, une fois la rhinite allergique déclenchée. Cet usage traditionnel de l'ortie a été conforté par une étude scientifique menée dans les années quatre-vingt-dix aux États-Unis*. Mais pas seulement : l'ortie peut **également agir en prévention**, à condition d'en prendre sur une longue durée.

* "Randomized, double-blind study of freeze-dried Urticadioica in the treatment of allergic rhinitis". *Planta Med.*, 1990 Feb ; 56(1):44-7.

En pratique

- Pour soulager les symptômes, on peut prendre de l'ortie **sous différentes formes** : fraîche, en tisane, en teinture-mère…
- En prévention, s'il s'agit d'allergies saisonnières : buvez régulièrement **des tisanes d'ortie** avant la saison « critique », pendant au moins 3 mois. Selon certaines personnes qui les ont testées, cela peut même purement et simplement faire disparaître l'allergie !

Stress, fatigue, manque de concentration

Grâce à sa richesse en nombreux nutriments essentiels à la santé physique et psychique, l'ortie est un **excellent remède en cas de fatigue, d'anxiété,** de manque d'attention ou de concentration… Elle favorise aussi un sommeil réparateur.

En pratique

Faites régulièrement **des cures d'ortie** sous forme de tisanes, gélules ou légume.

Syndrome prémenstruel

On estime que près de huit femmes sur dix éprouvent une sensation d'inconfort à l'approche des règles, et qu'environ une sur cinq présente ce que l'on appelle le syndrome prémenstruel (SPM). Celui-ci se manifeste par différents symptômes : fatigue, rétention d'eau, maux de tête, seins douloureux, crampes dans le bas-ventre, irritabilité… À ce titre, l'ortie est un remède intéressant car elle est efficace pour **soulager la plupart de ces manifestations désagréables**.

En pratique

Prenez l'ortie **en gélules ou en tisanes**, quelques jours avant l'apparition des règles, et pendant la durée des règles. Vous pouvez aussi faire des cures sur une plus longue période.

Troubles de la prostate

Depuis des siècles, l'ortie est traditionnellement utilisée pour traiter les troubles de la prostate. Une vingtaine d'études scientifiques récentes ont confirmé la réalité des vertus attribuées à l'ortie : seuls ou combinés à d'autres plantes, les extraits de racines d'ortie **améliorent les symptômes de l'hypertrophie bénigne de la prostate et de la prostatite**, à savoir les troubles urinaires. On sait aujourd'hui que ces problèmes de prostate (ainsi que la chute des cheveux chez l'homme, voir p. 110) sont causés par la transformation d'une partie de la testostérone en dihydrotestostérone (DHT). La prise d'extraits concentrés de racines d'ortie empêche ce processus en inhibant l'activité de l'enzyme qui lui est nécessaire. Pour les hommes atteints d'une hypertrophie de la prostate, ce remède naturel pourrait réduire de 70 % le volume de la prostate et améliorer significativement la fréquence urinaire.

En pratique

- Faites **des cures de racines d'ortie** sous forme de décoctions : jetez 1,5 à 2 g de racines d'ortie pour 150 à 200 ml d'eau froide et portez à ébullition. Faites bouillir pendant 1 minute puis laissez refroidir 10 minutes et filtrez. Buvez-en 3 à 4 fois par jour.

- Vous trouverez également dans les pharmacies, parapharmacies, herboristeries et magasins de produits naturels **des gélules de racines d'ortie**. Suivez le dosage indiqué par le fabricant.

Le conseil en + : avant d'entamer tout traitement, demandez conseil à votre médecin.

Urticaire

Le mot « urticaire » vient du latin *urtica*, qui a donné ortie. C'est une réaction de la peau semblable à des piqûres d'ortie (d'où son nom) : rougeurs, petites cloques, sensations de brûlure, démangeaisons… Il s'agit fréquemment d'une réaction allergique, sauf pour l'urticaire chronique dont les causes restent le plus souvent inconnues. L'un des traitements possibles dans ce cas est **l'homéopathie**. Le principe de cette « médecine » est de soigner les symptômes avec une dose infinitésimale de la plante qui provoque les mêmes symptômes, à savoir l'ortie. Dans ce cas, les préparations homéopathiques sont préparées à base d'*Urtica urens*, l'ortie brûlante ou petite ortie.

En pratique

- En cas d'urticaire aiguë : prendre **5 granules d'Urtica urens 5 CH** toutes les 10 minutes puis espacez les prises selon des améliorations. Traitement à réaliser pendant 2 jours.
- En cas d'urticaire chronique : prendre **5 granules d'Urtica urens 5 CH** dès le début des démangeaisons, puis renouvelez la prise si nécessaire.

CHAPITRE 2

Ses utilisations beauté

Cellulite

La cellulite résulte de l'accumulation de toxines, d'eau et de graisses à certains endroits du corps. Les causes sont essentiellement d'origine hormonale. Pas de jalouses, toutes les femmes (ou presque) sont concernées ! L'ortie, **en externe ou en interne**, est efficace pour prévenir l'apparition de la cellulite et lutter contre son développement car elle a **des propriétés diurétiques et drainantes**. En clair, elle va activer l'élimination des excès d'eau et des toxines par voie urinaire et contribuer au bon fonctionnement du système lymphatique.

En pratique

- Préparez une huile drainante avec **10 cl d'huile d'ortie** (voir la recette p. 62) + 10 cl d'huile de macadamia + 10 gouttes d'huile essentielle de citron. Mélangez bien et appliquez-la matin et soir sur les zones concernées en massant longuement.
- Misez aussi sur les **tisanes dépuratives à base d'ortie** qui vont activer l'élimination des graisses et des toxines. Buvez-en 3 tasses par jour pour une véritable efficacité.

Le conseil en + : vous pouvez associer l'ortie à d'autres plantes à l'effet drainant et diurétique, comme l'orthosiphon ou les queues de cerise.

- Il existe aussi dans le commerce **des gels minceur à base d'ortie**. Vérifiez toujours leur teneur réelle en ortie avant l'achat.

Cheveux fatigués, mous

Grâce à son exceptionnelle richesse en minéraux et en vitamines, l'ortie constitue **un traitement de choc pour les cheveux fatigués** et sans vigueur. Les cures d'ortie par voie interne et l'utilisation de shampooings ou de masques à l'ortie vont les fortifier et les rebooster.

En pratique

- Mouillez vos cheveux et saupoudrez **1 cuillère à soupe de poudre d'ortie** sur le cuir chevelu. Massez du bout des doigts puis laissez agir 2 à 3 minutes. Lavez ensuite les cheveux avec un shampooing doux et rincez abondamment.

- Vous pouvez aussi frictionner votre cuir chevelu avec **quelques gouttes de teinture-mère d'ortie**, faite maison (voir la recette p. 61) ou achetée dans le commerce. Attention car cette solution a tendance à rendre les cheveux plus foncés.
- En complément de ces soins externes, faites régulièrement **des cures d'ortie** (gélules, infusions…) afin de nourrir vos cheveux de l'intérieur.

Voir aussi « Chute de cheveux » (p. 108).

Cheveux gras

De nombreux shampooings pour cheveux gras du commerce intègrent l'ortie dans leur composition. Et pour cause, cette plante **régule l'excès de sébum** à l'origine de cet effet gras.

En pratique

- Vous pouvez préparer une eau de rinçage à l'ortie. Pour cela, versez **2 cuillères à soupe d'ortie sèche** dans 1,5 litre d'eau bouillante. Laissez infuser 15 minutes et filtrez. Utilisez cette préparation tiédie en dernière eau de rinçage.

- L'ortie séchée, en association avec de l'argile verte (ou rhassoul), peut également servir à la confection d'un shampooing maison spécial cheveux gras. La recette : préparez **une infusion de feuilles d'ortie** (2 cuillères à soupe à laisser infuser dans 200 ml d'eau bouillante pendant 20 minutes). Mélangez cette infusion avec quelques cuillères à soupe d'argile verte surfine de manière à obtenir une pâte épaisse. Appliquez la préparation sur le cuir chevelu et les cheveux et massez doucement. Laissez reposer quelques minutes puis rincez abondamment. S'il vous reste du shampooing, vous pouvez le conserver une semaine dans un pot en verre bien fermé.
- Autre solution : utilisez la poudre d'ortie en shampooing sec. Pour cela, saupoudrez votre cuir chevelu avec **1 à 2 cuillères à soupe de poudre d'ortie**. Massez du bout des doigts pendant quelques secondes puis secouez la tête en tous sens et retirez les restes de poudre d'ortie à l'aide d'une brosse à cheveux. Idéal pour se laver les cheveux en camping ou quand vous n'avez pas d'eau à disposition.

Cheveux ternes

Votre chevelure manque de brillance ? Misez sur l'ortie, **un vrai concentré de nutriments** pour vos cheveux.

En pratique

- Mélangez **100 g de poudre d'ortie** dans 1 litre de vinaigre de cidre. Diluez 2 cuillères à soupe de cette préparation dans un grand bol d'eau, à utiliser après le shampooing, en dernière eau de rinçage. Attention car cette lotion a tendance à foncer les cheveux.
- Embellissez-les aussi de l'intérieur en misant sur les **gélules d'ortie**, à prendre en cure plusieurs fois dans l'année.

Chute de cheveux

La chute de cheveux peut avoir des origines très diverses. Elle peut, par exemple, être d'origine héréditaire : on parle alors de calvitie, un phénomène essentiellement masculin (voir « Chute de cheveux (hommes) », p. 110). Mais elle peut aussi être saisonnière ou liée à une alimentation déséquilibrée (et donc une carence en certaines vitamines et minéraux). Dans ce cas, l'ortie est **la plante antichute par excellence** grâce à sa grande richesse nutritionnelle, notamment en protéines, acides aminés, fer, zinc, silice, vitamines du groupe B… Autant de nutriments essentiels au renouvellement cellulaire et donc à la santé du cheveu.

En pratique

- Faites **une cure d'ortie en tisanes ou en gélules**. Et n'attendez pas que vos cheveux chutent pour passer à l'action ! Vous pouvez par exemple prendre l'habitude de faire une cure à l'automne, période critique où les cheveux ont tendance à tomber davantage.
- Vous pouvez aussi préparer une lotion tonifiante à l'ortie : rincez **3 poignées d'orties fraîches** et passez-les au mixeur avec 200 ml d'eau. Filtrez la préparation et conservez-la dans une bouteille, à l'abri de l'air et de la lumière. Chaque matin, appliquez quelques gouttes de cette lotion sur votre cuir chevelu et frictionnez.
- Autre solution : après le shampooing, sur cheveux rincés et humides, versez **1 cuillère à soupe de poudre d'ortie**. Massez délicatement

votre cuir chevelu du bout des doigts et laissez reposer 3 minutes. Rincez abondamment.

- Vous pouvez aussi frictionner votre cuir chevelu avec **quelques gouttes de teinture-mère d'ortie**, faite maison (voir la recette p. 61) ou achetée dans le commerce.
- Autre astuce : chaque matin, déposez **quelques gouttes de suc d'ortie** sur votre peigne et utilisez-le à rebrousse-poil. Attention car l'ortie a tendance à foncer les cheveux. Si votre problème perdure, consultez un médecin.
- **Quiches, soupes, omelettes...** mangez aussi des orties régulièrement ! Cela ne pourra qu'être bénéfique pour vos cheveux.

Chute de cheveux (hommes)

Chez l'homme, la chute de cheveux ou alopécie est d'origine hormonale. En effet, avec l'âge, une partie de la testostérone, la principale hormone sexuelle masculine, se transforme en dihydrotestostérone (DHT). Or la DHT est en partie responsable de deux problèmes majeurs des hommes : l'hypertrophie bénigne de la prostate (voir « Troubles de la prostate », p. 99) et la perte des cheveux. Plusieurs études cliniques ont démontré que la prise d'extraits de racine d'ortie agit de façon positive sur le **rééquilibrage des hormones chez l'homme** en bloquant la conversion de la testostérone en DHT.

En pratique

- Faites **une cure de racines d'ortie en gélules.**
- Vous pouvez aussi boire **des décoctions de racines d'ortie** : mettez 10 g de racines dans 200 ml d'eau. Portez à ébullition puis laissez bouillir 10 minutes. Laissez reposer quelques minutes, filtrez et buvez. Prenez cette préparation 2 ou 3 fois par jour.
- En complément, vous pouvez frictionner votre cuir chevelu avec **quelques gouttes de teinture-mère d'ortie**, faite maison (voir la recette p. 61) ou achetée dans le commerce. Attention car l'ortie a tendance à foncer les cheveux.

Ongles cassants

Grâce à sa richesse en vitamines et minéraux, l'ortie est **excellente pour la santé des phanères** (ongles, cheveux…). D'ailleurs, on la trouve dans de nombreux compléments alimentaires « beauté ».

En pratique

- Suivez régulièrement **des cures d'ortie**, sous la forme que vous voulez (gélules, tisanes, légume), et particulièrement aux changements de saison.
- Vous pouvez également préparer **un bain d'ongles à l'ortie**. Faites infuser 1 cuillère à soupe de feuilles d'ortie dans un bol d'eau chaude pendant 20 minutes. Filtrez et ajoutez 1 cuillère à soupe de vinaigre de cidre. Trempez le bout de vos doigts 10 minutes avant de rincer à l'eau tiède. À faire 1 fois par semaine.

Le conseil en + : en complément, 1 fois par semaine, massez vos ongles et vos cuticules avec 1 cuillère à café d'huile d'olive mélangée à quelques gouttes de jus de citron.

Peau (petits problèmes de)

Notre peau reflète notre état de santé général. Et c'est à ce titre que peut agir l'ortie. Elle n'est pas la solution miracle à tous les problèmes de peau mais, **en comblant certaines carences à l'origine de certaines affections dermatologiques**, elle peut sensiblement améliorer les choses. Ainsi, l'ortie est souvent recommandée pour aider à combattre l'acné (grâce à sa richesse en zinc) ou l'eczéma. Ses propriétés dépuratives aide aussi à éliminer les toxines et donc à entretenir l'éclat du teint.

En pratique

Des **cures régulières d'ortie en gélules ou en tisanes** peuvent vous aider à prévenir de nombreux petits problèmes de peau.

Voir aussi « Acné », p. 67 et « Eczéma », p. 79.

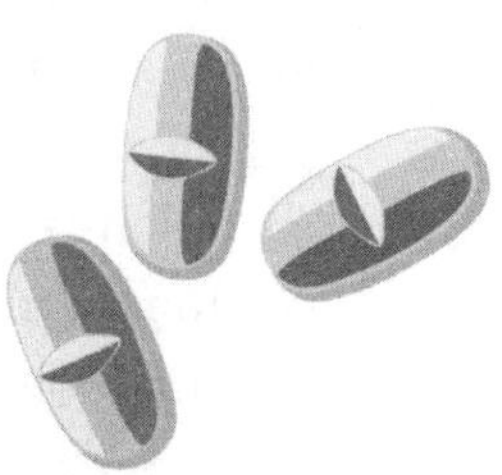

Peau grasse

L'ortie a la particularité de pouvoir **freiner la sécrétion de sébum**. Voilà pourquoi elle est utile dans les shampooings pour cheveux gras mais aussi dans les soins pour les peaux grasses. L'association de l'ortie avec le pissenlit ou la bardane (deux autres plantes aux vertus dépuratives) peut être tout à fait bénéfique pour les peaux grasses. On retrouve ces associations de plantes dans certains compléments alimentaires ou en profiter sous forme d'infusions ou dans des soins de beauté à préparer à la maison.

En pratique

- En interne, faites régulièrement **des cures d'ortie** (seule ou en association avec la bardane par exemple) afin d'améliorer l'état de votre peau de l'intérieur.
- Vous pouvez aussi préparer cette lotion anti-peaux grasses : versez 40 cl d'eau dans une casserole et ajoutez **1 cuillère à soupe de feuilles d'ortie séchée** et 1 cuillère à soupe de racines de bardane. Portez à ébullition et laisser bouillir pendant 10 minutes environ. Filtrez et versez la préparation refroidie dans une bouteille. Ajoutez 30 gouttes d'extrait de pépins de pamplemousse

pour la conservation. Chaque matin et chaque soir, passez sur votre peau préalablement démaquillée un coton imbibé de cette lotion. Cette lotion se conserve 15 jours.

- Vous pouvez également préparer ce masque assainissant 1 fois par semaine : faites réhydrater **1 cuillère à soupe de feuilles d'ortie séchée** dans 100 ml d'eau bouillante pendant 1 heure. Mixez cette préparation avec 1 cuillère à soupe de miel, 1 cuillère à soupe de yaourt et 1 cuillère à soupe de fécule de maïs afin d'obtenir une pâte. Appliquez-la sur le visage et laissez poser 20 minutes avant de rincer.

Peau sèche, sensible, abîmée

L'ortie n'est pas seulement réservée aux peaux grasses. Les peaux sèches et sensibles aussi peuvent profiter de ses **effets apaisants** !

En pratique

- Préparez une infusion d'ortie et laissez-la refroidir. Imbibez-en **2 ou 3 compresses** et posez-les sur votre visage. Laissez en place 10 minutes puis rincez abondamment.

• Autre solution: préparer **un masque à l'ortie**. Pour cela, rincez 1 poignée de feuilles d'ortie fraîche et jetez-les 30 secondes dans l'eau bouillante. Égouttez-les et hachez-les grossièrement. Appliquez cette préparation sur le visage, laissez poser 10 minutes puis rincez abondamment.

Pellicules

Les pellicules sont la conséquence d'une desquamation trop rapide du cuir chevelu. Résultat : des petites paillettes inesthétiques qui s'accrochent dans vos cheveux ou tombent sur vos épaules. Sans compter, parfois, des démangeaisons persistantes. On distingue deux sortes de pellicules : les « sèches », qui sont petites et tombent quand on se brosse les cheveux, et les « grasses », qui adhèrent au cuir chevelu. Les causes des pellicules peuvent être très diverses : stress, allergies, carences alimentaires… Grâce à ses **vertus régulatrices et ses propriétés fortifiantes**, l'ortie, en interne et/ou en externe, est dans tous les cas un excellent remède pour s'en débarrasser.

En pratique

- Première chose à faire : prendre de l'ortie en interne sous forme de **complément alimentaire ou d'infusions.**
- Pour un soin quotidien : préparez **une décoction de racines d'ortie.** Jetez 100 g de racines d'ortie dans 1 litre d'eau et portez à ébullition, puis laissez bouillir 15 minutes. Filtrez et massez-vous le cuir chevelu chaque jour avec 1 cuillère à soupe de cette lotion.
- Autre solution : préparez un vinaigre de rinçage avec **1 poignée de feuilles d'ortie fraîche** que vous laisserez macérer dans 1 litre de vinaigre de cidre pendant une semaine. À utiliser dilué après le shampooing (2 cuillères à soupe dans un grand bol d'eau).
- Vous pouvez aussi concocter ce **masque aux orties fraîches** avec 1 petite poignée d'orties fraîches rincées et 1 cuillère à soupe d'huile d'olive. Passez le tout au mixeur et appliquez la préparation sur le cuir chevelu, en massant bien. Laissez agir 15 minutes puis rincez soigneusement. À faire tous les 15 jours.

CHAPITRE 3

Ses utilisations dans la maison et au jardin

Animaux de la ferme & animaux domestiques

Grâce à leur richesse en précieux nutriments, les orties sont un excellent complément alimentaire pour les hommes… mais aussi pour les animaux ! La preuve : dans certaines animaleries, vous trouverez des paquets d'ortie séchée destinée à compléter l'alimentation des lapins ou des petits rongeurs. On peut aussi sans problème en donner aux chiens et aux chats pour **enrichir leur alimentation et/ou soigner de nombreux petits maux** (maladie de peau, démangeaisons…) **et/ou dans certaines situations particulières** (lactation, convalescence…). L'ortie séchée est un fourrage d'excellente qualité, très riche en protéines et en minéraux : les éleveurs en ajoutent à la nourriture de leurs poules et de leurs vaches. Elle stimule la sécrétion lactée chez les vaches, et la production d'œufs chez les poules. Autrefois, on ajoutait des graines d'ortie dans la nourriture des chevaux.

En pratique

• Pour les rongeurs, les lapins… vous pouvez opter pour les **compléments alimentaires spécial rongeurs** vendus dans les animaleries mais sachez qu'il ne s'agit de rien d'autre que d'ortie séchée. Vous pouvez donc aussi très bien leur donner quelques pincées de votre préparation pour tisane. En revanche, évitez de faire des tisanes avec les orties séchées que vous trouverez en animalerie : la qualité n'est sûrement pas la même !

• Pour les chats et les chiens : comme pour les humains, on peut leur donner **des infusions d'ortie**, à boire ou mélangées à leur nourriture habituelle. Comptez 1 g d'ortie sèche à laisser infuser dans 50 ml d'eau frémissante pendant 10 à 15 minutes. Donnez 50 ml d'infusion par jour pour un chat, et environ 100 ml pour un chien pesant entre 5 et 15 kg.

Le saviez-vous ?

Selon un proverbe populaire, « Une ortie dans le poulailler est un œuf de plus dans le panier »... En clair, donnez régulièrement de l'ortie à vos poules, elles pondront davantage !

Compost

Si vous faites votre compost, sachez que le purin d'ortie est un **excellent activateur de compost** : grâce à sa richesse en matières organiques, il va stimuler le processus de décomposition des déchets organiques en humus. Et votre compost sera de bien meilleure qualité !

En pratique

Vous pouvez utiliser du **purin d'ortie pur** (c'est-à-dire non filtré) ou ajouter directement dans votre compost **quelques poignées d'orties fraîches**.

Engrais

Grâce à sa teneur élevée en nutriments et en éléments fertilisants, l'ortie est l'engrais préféré des jardiniers biologiques. Et de tous ceux qui veulent booster leurs plantations à moindre coût et/ou sans utiliser des produits chimiques dont on ignore encore tous les dangers ! Le remède numéro un à base d'ortie, c'est bien sûr le purin, qui a fait couler beaucoup d'encre ces dernières années (voir p. 50). Son avantage : il est **riche en nombreuses substances qui vont stimuler la plantation** (comme les minéraux, notamment le fer, les hormones végétales, les vitamines, l'azote…) mais aussi la protéger contre certaines maladies ou repousser les insectes indésirables (voir « Parasites, pucerons, champignons » p. 128). Un vrai traitement de choc tout-en-un !

En pratique

Si vous voulez préparer votre **purin d'ortie**, voici la recette ci-dessous. Mais sachez que vous pouvez aussi en acheter dans les jardineries, sous forme liquide ou sous forme de poudre à diluer dans de l'eau.

Le conseil en + : utilisez le purin d'ortie de préférence au printemps, quand la végétation redémarre. Ce traitement convient aussi bien aux vivaces qu'aux arbustes, aux arbres fruitiers ou aux légumes. Évitez simplement de traiter directement les fruits et les légumes destinés à être consommés immédiatement ou ceux qui sont destinés à la conservation.

Purin d'ortie : la recette

- Cueillez 1 kg d'orties (de préférence des jeunes pousses, non montées en graines), avec quelques racines, et hachez le tout grossièrement.
- Mettez-les dans un grand bac (de préférence en bois) et ajoutez 10 litres d'eau (de pluie si possible). Entreposez-le dans un endroit isolé, car l'odeur qui va se dégager est très forte ! Couvrez et laissez macérer pendant 10 jours environ, en remuant tous les jours ou tous les 2 jours.
- Le purin est prêt quand, lorsque vous le remuez, vous ne voyez plus de petites bulles s'échapper : c'est le signe que la fermentation est terminée.
- Filtrez avant utilisation.
- S'il est bien filtré, le purin d'ortie peut se conserver jusqu'à un an, dans un endroit frais et sombre, dans des bouteilles hermétiquement fermées.

Attention : le purin d'ortie est un produit très concentré, il faut le manipuler avec précaution. Avant utilisation, diluez-le à nouveau : 1 litre de purin dans 10 litres d'eau pour les pulvérisations sur les feuilles, 2 litres de purin dans 10 litres d'eau pour les pulvérisations sur le sol.

- Le secret pour avoir de belles tomates ? Enterrer **quelques tiges d'ortie fraîchement coupée** et froissée entre les mains (protégées avec des gants bien sûr !) au pied des plants. Vos plants de tomates ne seront pas malades (cela les protège contre le mildiou) et seront très productifs. Cela marche aussi pour toutes vos autres plantations de fleurs ou de légumes : c'est notamment très efficace avec les pommes de terre.

• Vous pouvez également utiliser de la **poudre d'ortie**. Son avantage par rapport aux orties fraîches : la poudre va se décomposer plus lentement et aura donc une action longue durée. Servez-vous en pour booster vos plantations de fruitiers, votre potager ou vos parterres de fleurs. Comptez 2 ou 3 cuillères à café pour un pot ou un plant de tomates, 3 ou 4 pincées pour un rosier ou une vivace, 5 ou 6 pincées pour un arbre fruitier ou un arbuste d'ornement.

• Plantée près de certaines plantes (angélique, sauge, menthe, valériane…), l'ortie aurait le pouvoir d'augmenter leur teneur en huile essentielle et en principes actifs. Plus généralement, n'hésitez pas à **laisser s'épanouir les orties au milieu de vos plantations d'aromatiques** ou de plantes médicinales, que ce soit au jardin ou dans une jardinière : votre production gagnera en qualité ! Il vous faudra juste faire attention à ne pas vous faire piquer lors de la récolte.

Le saviez-vous ?

Des scientifiques ont découvert que les racines d'ortie contenaient des substances de la famille des phytolectines. Celles-ci sont efficaces pour lutter contre les champignons responsables de certaines maladies chez les plantes. Voilà pourquoi il est intéressant de préparer son purin d'ortie avec des pieds d'ortie entiers, racines comprises.

Entretien de la maison

Parmi les utilisations les plus étonnantes de l'ortie, citons celle qui consiste à frotter les taches de graisse avec des feuilles d'ortie : c'est l'astuce des grands-mères… normandes ! L'ortie a en effet de vraies propriétés dégraissantes que l'on explique par sa richesse en silice et en cristaux de calcium. Dans d'autres régions, on l'utilisait aussi sous forme de décoction, mélangée à un peu de savon de Marseille, pour tout nettoyer dans la maison. On peut même lustrer ses meubles en bois ou son parquet avec une poignée d'orties.

En pratique

• Pour tout dégraisser dans la maison, jetez **2 cuillères à soupe d'ortie sèche ou 1 poignée d'orties fraîches** dans 200 ml d'eau bouillante. Laissez infuser 20 minutes puis versez cette infusion dans 1 litre de savon de Marseille liquide. Idéal pour toutes les surfaces : sols en carrelage ou en béton, plans de travail, surfaces en marbre…

• Pour récurer, ôter des taches de graisse tenaces, patiner un parquet ou un escalier en bois, frottez-les tout simplement avec **1 poignée d'orties fraîches**.

Le saviez-vous ?

Autrefois, on utilisait aussi l'ortie pour fabriquer des tissus d'une exceptionnelle qualité, qu'on appelait parfois « soie végétale ». Et cela remonte à des temps très anciens… Ainsi, des archéologues ont découvert que les momies égyptiennes étaient enveloppées dans des tissus mêlant coton et fibres d'ortie. Non seulement l'ortie fournit une belle toile, mais elle a en plus des propriétés antibactériennes et antifongiques qui permettent de l'utiliser notamment pour la conservation des denrées alimentaires. Les toiles d'ortie ont servi aussi à la confection de torchons, de tentes, de sacs ou de pulls, et ce jusqu'au milieu du XXe siècle.

Parasites, pucerons, champignons

Le purin d'ortie (voir la recette p. 124) n'est pas seulement un excellent stimulant naturel des plantations. Il aide aussi à les **protéger contre les parasites**, qu'ils soient végétaux (comme les champignons) ou animaux.

En pratique

- Contre les champignons : diluez **2 litres de purin d'ortie** dans 10 litres d'eau (de pluie de préférence). Pulvérisez le sol avec cette préparation.
- Contre les pucerons, les insectes… : diluez **2 litres de purin d'ortie** dans 10 à 20 litres d'eau de pluie. Pulvérisez les feuilles.

Teinture

L'ortie peut être utilisée comme teinture pour les tissus (ou les œufs de Pâques !). Elle donne **une couleur jaune plus ou moins verdâtre**. On peut utiliser les racines ou les feuilles.

En pratique

Pour réaliser des œufs de Pâques de couleur jaune : coupez grossièrement **200 g de racines d'ortie** et faites-les bouillir dans un 1 litre d'eau. Ajoutez les œufs préalablement vidés (choisissez ceux à la coquille blanche).

CHAPITRE 4

Ses utilisations en cuisine

Mille et une façons de manger de l'ortie

Avec l'ortie fraîche

L'ortie se déguste généralement cuite. C'est un légume très facile à préparer. Les recettes les plus classiques sont les soupes et les quiches. Mais on peut aussi l'accommoder en omelettes, sauces, cakes, soufflés, purées, farces ou même confiture ! On la cuisine un peu comme les épinards. Voici quelques idées faciles pour découvrir sa saveur :

• *À l'étouffée :* faites-la fondre à la poêle comme une tombée d'épinards, avec quelques lamelles d'oignons, un peu de beurre, d'huile ou de crème. Idéal en accompagnement d'une viande ou d'un poisson.

• *À la vapeur :* quelques minutes de cuisson suffisent.

• *Pour agrémenter une soupe de légumes « classiques » :* jetez-la dans le bouillon en fin de cuisson puis mixez le tout. Ajoutez un peu de crème si vous le désirez.

• *En omelette :* battez des œufs et ajoutez les orties fraîches hachées puis cuisez la préparation à la poêle.

• *En quiche, tarte… :* hachez-la et mélangez-la avec des œufs, un peu de crème, éventuellement un autre légume ou des lardons, puis versez la préparation sur une pâte brisée ou feuilletée et enfournez.

Voir aussi nos recettes p. 137.

L'astuce en + : l'ortie noircit à la cuisson. Pour éviter de vous retrouver devant un bol de soupe d'ortie… toute noire, il faut fixer sa belle couleur verte. Pour cela, il suffit de faire blanchir les feuilles fraîches en les jetant dans de l'eau bouillante pendant 5 secondes à peine puis de les égoutter et les passer sous l'eau glacée.

L'astuce en + (bis) : ne jetez pas l'eau dans laquelle vous avez fait blanchir les orties, mais dégustez-la en infusion (elle est remplie de bons nutriments !), simplement additionnée d'une cuillerée de miel si vous le désirez.

À noter : dans certaines épiceries fines, on peut trouver des orties sauvages au naturel : elles sont simplement cuites dans de l'eau puis conditionnées dans des bocaux. Attention toutefois au prix souvent exorbitant au regard de sa « gratuité » dans la nature…

On peut aussi consommer **l'ortie crue**. N'ayez pas peur de ses « piquants » : il existe heureusement des astuces pour profiter de son petit goût sans aucun risque pour sa bouche !

- Pour la déguster comme une herbe « classique » (persil, basilic...), dans une salade de crudités par exemple : faites-la blanchir dans de l'eau bouillante. Pour cela, triez les orties en enlevant les tiges les plus grosses et les feuilles les plus dures. Conservez uniquement les tiges très fines et tendres et les plus jeunes feuilles. Rincez-les soigneusement, puis jetez-les dans une casserole d'eau frémissante. Retirez-les immédiatement et laissez-les égoutter. Ainsi, les feuilles d'ortie ont perdu tous leurs piquants ! Ne jetez pas l'eau de cuisson et consommez-la en infusion (voir p. 56).
- Autre possibilité : utilisez un hachoir pour broyer de jeunes pousses d'ortie avec un peu d'huile d'olive, une gousse d'ail, un peu de poivre et de sel. Et voici une petite sauce énergisante parfaite pour agrémenter une salade de crudités, un plat de céréales ou de pâtes.
- Enfin, imaginez que vous êtes en randonnée et que vous avez un petit coup de fatigue... et un grand parterre d'orties à portée de main. Comment profiter de ses vertus revigorantes ? C'est

tout simple ! Il suffit de cueillir quelques jeunes feuilles d'ortie (sans vous piquer, voir p. 22), de les rouler sur elles-mêmes de manière à emprisonner le dessus des feuilles qui est urticant. Ensuite, écrasez-les légèrement avec les doigts afin de casser les poils urticants, puis mettez-les en bouche. Ainsi, vous pourrez mâcher des feuilles d'ortie crue sans vous piquer la langue !

Avec l'ortie sèche

Hors saison, ou tout simplement si on n'a pas d'ortie fraîche à portée de main, on peut aussi cuisiner avec de l'ortie sèche. Pour cela, utilisez **les orties sèches en vrac** vendues dans les herboristeries, les magasins bio et de produits naturels (celles qui sont normalement destinées à préparer des tisanes)… mais aussi les orties fraîches que vous avez récoltées dans votre jardin ou dans la nature au printemps et fait sécher (voir p. 55 le mode d'emploi pour faire sécher ses orties).

L'ortie sèche s'utilise cuite. Elle peut remplacer l'ortie fraîche dans de nombreuses recettes : le goût sera alors légèrement différent. Vous pouvez également cuisiner avec **des orties sèches en poudre ou en paillettes**, que l'on trouve dans certaines épiceries fines, magasins bio et de produits naturels. Quelques idées d'utilisation :

- En persillade sur une salade verte ou une salade de crudités.
- Additionnée dans une pâte à pain maison (comptez 3 à 4 cuillères de poudre d'ortie pour 500 g de farine), dans des pâtes maison (2 à 3 cuillères à soupe pour 400 g de farine), dans une pâte à tarte maison (2 à 3 cuillères à soupe pour 500 g de farine)…
- Saupoudrée sur un plat de céréales ou de pâtes, une poêlée de légumes…
- Ajoutée en fin de cuisson dans une soupe de légumes.
- Comme une épice classique, dans les quiches, les gratins, les omelettes…

Le conseil en + : vous pouvez aussi concocter vos petits mélanges d'herbes sèches prêts à l'emploi. Par exemple ortie + basilic pour les pâtes, ortie + persil + ciboulette pour les salades…

RECETTES

Coulis d'ortie

Pour 4 personnes
250 g de feuilles d'ortie fraîche
15 cl de crème fraîche
Sel, poivre du moulin

Préparation :

- Lavez et triez les orties.
- Versez ½ litre d'eau dans une casserole et portez à ébullition.
- Plongez les orties dans l'eau bouillante et laissez-les blanchir 3 minutes. Égouttez-les et mixez-les avec la crème fraîche. Salez et poivrez à votre convenance.

Le conseil en + : une petite sauce idéale pour napper un filet de poisson par exemple.

Pesto d'ortie

Pour 4 personnes
50 g de feuilles d'ortie fraîche
25 g de parmesan râpé
1 cuillère à soupe de pignons de pin
2 gousses d'ail
5 cl d'huile d'olive
Sel, poivre du moulin

Préparation :

- Lavez et égouttez les feuilles d'ortie.
- Pelez les gousses d'ail.
- Mixez les feuilles d'ortie avec le parmesan, les pignons, l'ail et l'huile d'olive. Salez et poivrez à votre convenance. Servez immédiatement, tartiné sur des petits morceaux de pain grillé.

Le conseil en + : mieux vaut préparer le pesto d'ortie au dernier moment car il noircit rapidement.

Tartinade de chèvre frais orties-ciboulette

Pour 4 personnes
100 g de chèvre frais
20 g de feuilles d'ortie séchée
½ bouquet de ciboulette
1 cuillère à soupe d'huile d'olive
1 citron
Sel, poivre du moulin

Préparation :

- Mixez les orties séchées de manière à obtenir des paillettes.
- Pressez le citron. Lavez et ciselez la ciboulette.
- Dans un bol, écrasez le fromage avec l'huile d'olive. Ajoutez le jus de citron, la ciboulette ciselée et les paillettes d'ortie. Salez et poivrez. Mélangez bien.
- Réservez au frais. Servez tartiné sur des morceaux de pain grillé.

Potage d'ortie séchée express

Pour 4 personnes
50 g de feuilles d'ortie séchée en vrac
4 pommes de terre
2 oignons
1 cuillère à soupe d'huile d'olive
Sel, poivre du moulin

Préparation :

- Épluchez les pommes de terre et coupez-les en dés. Pelez et émincez les oignons.
- Dans une marmite, versez l'huile d'olive et faites-y revenir les oignons émincés pendant 2 à 3 minutes. Ajoutez les pommes de terre et l'ortie séchée. Versez 1 litre d'eau. Salez et poivrez. Portez à ébullition puis laissez cuire à feu doux pendant 15 minutes.
- Mixez et servez bien chaud.

Soupe d'ortie

Pour 4 personnes

500 g de feuilles d'ortie fraîche
3 pommes de terre
2 gousses d'ail
1 cube de bouillon de légumes
1 cuillère à soupe d'huile d'olive
2 cuillères à soupe de crème fraîche épaisse
Sel, poivre du moulin

Préparation :

- Lavez les feuilles d'ortie.
- Pelez et hachez l'ail. Épluchez les pommes de terre et coupez-les en gros cubes.
- Dans une marmite, faites chauffer l'huile d'olive. Ajoutez l'ail et faites-le dorer 2 à 3 minutes en remuant.
- Ajoutez les pommes de terre et versez 1,5 litre d'eau. Incorporez le cube de bouillon. Portez à ébullition et laissez cuire 30 minutes environ. 10 minutes avant la fin de la cuisson, ajoutez les feuilles d'ortie.
- Une fois les légumes cuits, mixez la soupe. Reversez-la dans la casserole, incorporez la crème fraîche, salez et poivrez. Faites réchauffer à feu doux.

Fondue d'ortie à la crème

Pour 4 personnes
500 g de feuilles d'ortie fraîche
1 oignon
2 gousses d'ail
15 cl de crème fraîche
2 cuillères à soupe d'huile d'olive
Sel, poivre du moulin

Préparation :

- Lavez et égouttez les orties.
- Pelez et émincez l'oignon et l'ail.
- Faites chauffer l'huile d'olive dans une poêle. Ajoutez l'oignon émincé et faites-le dorer 3 à 4 minutes à feu doux. Ajoutez les orties et l'ail, et laissez-les cuire 10 minutes en remuant souvent.
- Incorporez la crème fraîche et laissez réchauffer encore 1 minute. Servez.

Jardinière de printemps à l'ortie

Pour 4 personnes
250 g de feuilles d'ortie fraîche
500 g de petits pois écossés
4 carottes nouvelles
2 oignons
1 échalote
Quelques feuilles de laitue
1 cube de bouillon de volaille
1 cuillère à soupe d'huile d'olive
Sel, poivre du moulin

Préparation :

- Pelez et émincez les oignons et l'échalote. Épluchez les carottes et coupez-les en rondelles.
- Dans une marmite, versez l'huile d'olive. Ajoutez les oignons et l'échalote et faites-les revenir à feu doux pendant 5 minutes.
- Incorporez les carottes. Versez ½ litre d'eau et le cube de bouillon. Laissez cuire 10 minutes.
- Lavez et égouttez les orties et les feuilles de laitue.
- Ajoutez dans la marmite les petits pois, les orties et les feuilles de laitue. Salez et poivrez. Laissez mijoter à feu doux pendant 10 à 15 minutes (jusqu'à ce que les petits pois soient fondants).

Le conseil en + : une recette à préparer avec les légumes nouveaux – et les orties – du printemps.

Purée de pommes de terre à l'ortie

Pour 4 personnes
8 pommes de terre
250 g de feuilles d'ortie fraîche
50 g de beurre
10 cl de lait
Gros sel, poivre du moulin

Préparation :

- Pelez les pommes de terre et coupez-les en gros dés. Rincez les orties.
- Versez les pommes de terre et les orties dans une casserole, ajoutez 2 litres d'eau froide et une pincée de gros sel. Portez à ébullition et faites cuire 15 à 20 minutes à petits bouillons.
- Égouttez les pommes de terre et les orties et passez le tout au moulin à légumes. Incorporez le beurre et le lait. Poivrez.

Quiche aux orties

Pour 4 personnes

1 pâte brisée
200 g de feuilles d'ortie fraîche
100 g de lardons
100 g de gruyère râpé
3 œufs
30 cl de crème fraîche
1 pincée de muscade
1 cuillère à soupe d'huile d'olive
Sel, poivre du moulin

Préparation :

- Lavez les feuilles d'ortie. Égouttez-les et hachez-les grossièrement. Versez-les dans une casserole, ajoutez l'huile d'olive et une pincée de sel, et faites-les fondre 5 minutes à feu doux.
- Préchauffez le four thermostat 6 (180 °C).
- Déroulez la pâte brisée et garnissez-en un moule à tarte.
- Dans un saladier, battez les œufs, la crème et la muscade. Salez et poivrez.
- Répartissez les orties sur la pâte. Ajoutez la préparation aux œufs puis les lardons. Parsemez de gruyère râpé et enfournez 25 minutes.
- Servez bien chaud.

Tarte orties-épinards au chèvre

Pour 4 personnes
400 g d'épinards frais
400 g de feuilles d'ortie
1 rouleau de pâte feuilletée
2 œufs
1 bûche de fromage de chèvre
4 cuillères à soupe de crème fraîche
1 échalote
1 cuillère à soupe d'huile d'olive
Sel, poivre du moulin

Préparation :

- Préchauffez le four thermostat 6 (180 °C).
- Lavez soigneusement les feuilles d'ortie et les feuilles d'épinard.
- Pelez et émincez finement l'échalote.
- Déroulez la pâte feuilletée et garnissez-en un moule à tarte.
- Dans une poêle, faites revenir l'échalote hachée dans l'huile d'olive. Ajoutez les orties et les épinards, et laissez-les fondre 4 à 5 minutes. Égouttez-les si nécessaire.
- Dans un saladier, battez les œufs avec la crème. Ajoutez les feuilles d'ortie et d'épinard et mélangez. Salez et poivrez.
- Versez la préparation sur la pâte.

• Découpez la bûche de chèvre en rondelles. Disposez-les sur la préparation orties-épinards.
• Enfournez et laissez cuire 25 minutes. Servez bien chaud.

Omelette aux orties

Pour 4 personnes
6 œufs
200 g de pousses d'ortie
1 cuillère à soupe d'huile d'olive
Sel, poivre du moulin

Préparation :
• Lavez les feuilles d'ortie. Égouttez-les et hachez-les grossièrement. Versez-les dans une casserole et faites-les cuire environ 10 minutes avec une pincée de sel.
• Préchauffez le four thermostat 6 (180 °C).
• Fouettez les œufs avec le sel et le poivre. Ajoutez les feuilles d'ortie fondues et mélangez. Versez le tout dans un plat à gratin huilé et faites cuire 15 minutes.
• Servez chaud.

Cake aux orties

Pour 4 personnes
200 g de feuilles d'ortie fraîche
100 g de chèvre frais
150 g de farine
3 œufs
10 cl de lait
5 cl d'huile d'olive
1 sachet de levure chimique
Sel, poivre du moulin

Préparation :

- Préchauffez le four thermostat 6 (180 °C).
- Rincez les feuilles d'ortie et faites-les blanchir 1 minute dans une casserole d'eau bouillante. Égouttez-les et hachez-les finement.
- Dans un saladier, mélangez la farine, la levure et les œufs. Ajoutez ensuite le lait et l'huile puis le fromage coupé en dés et les orties hachées. Salez légèrement et poivrez.
- Versez la pâte dans un moule à cake recouvert de papier sulfurisé.
- Enfournez et laissez cuire 40 minutes environ.

Gelée d'ortie à la vanille

Pour 3 à 4 pots
100 g de feuilles d'ortie fraîche
1 kg de sucre gélifiant (environ)
1 gousse de vanille

Préparation :

- Lavez soigneusement les orties. Versez-les dans une marmite avec 1,2 litre d'eau. Portez à ébullition et laissez cuire 2 heures à petits bouillons.
- Ouvrez la gousse de vanille en deux et grattez l'intérieur à l'aide de la pointe d'un couteau.
- Filtrez la préparation, pesez-la et reversez-la dans la casserole. Ajoutez le même poids en sucre (environ 1 kg) ainsi que la gousse et les grains de vanille. Portez à ébullition puis laissez cuire 5 minutes en écumant régulièrement.
- Versez dans des pots à confiture, fermez-les et retournez-les afin de les laisser refroidir.

Le conseil en + : le sucre « spécial confitures » ou sucre « gélifiant » est idéal pour vous faciliter la tâche et raccourcir le temps de cuisson de votre gelée. Vérifiez bien les dosages et le mode d'emploi indiqué sur le paquet. Pour certains, le dosage est de 1 kg de sucre pour 1 kg de fruits ; pour d'autres, c'est 500 g de sucre pour 1 kg de fruits.

Confiture d'ortie

Pour 3 à 4 pots
150 g de feuilles d'ortie fraîche
1 kg de sucre gélifiant (environ)

Préparation :

- Lavez soigneusement les orties. Versez-les dans une marmite avec 1,2 litre d'eau. Portez à ébullition et laissez cuire 2 heures à petits bouillons.
- Mixez les feuilles d'ortie avec leur jus et pesez la préparation. Reversez le tout dans une casserole et ajoutez le même poids en sucre. Portez à ébullition puis laissez cuire 5 minutes en écumant régulièrement.
- Versez dans des pots à confiture, fermez-les et retournez-les afin de les laisser refroidir.

Sirop d'ortie

Pour ½ litre de sirop

50 g de feuilles d'ortie fraîche

500 g de sucre de canne roux

1 citron

Préparation :

- Lavez soigneusement les orties. Mettez-les dans une marmite et versez ½ litre d'eau. Portez à ébullition et laissez cuire 2 heures à petits bouillons.
- Pressez le citron.
- Filtrez la préparation et reversez le jus dans la casserole. Ajoutez le sucre de canne et le jus de citron. Faites cuire à petit feu jusqu'à ce que la consistance devienne sirupeuse.
- Versez dans une bouteille en verre et laissez refroidir. Ce sirop se conserve au réfrigérateur.

Gâteau au chocolat à l'ortie

Pour 6 personnes
100 g de feuilles d'ortie fraîche
125 g de farine
125 g de beurre
250 g de sucre en poudre
200 g de chocolat à fondre
4 œufs
1 sachet de levure chimique
1 pincée de sel

Préparation :

- Lavez soigneusement les feuilles d'ortie et faites-les blanchir 2 minutes dans de l'eau bouillante. Égouttez-les et mixez-les.
- Faites fondre le chocolat au bain-marie.
- Préchauffez le four thermostat 6 (180 °C).
- Dans un saladier, battez les jaunes d'œufs avec le sucre jusqu'à ce que le mélange blanchisse. Ajoutez la farine, la levure, le beurre ramolli, le chocolat fondu et les orties mixées. Mélangez bien.
- Battez les blancs en neige avec une pincée de sel. Incorporez-les délicatement dans la préparation précédente.
- Versez dans un moule beurré et fariné. Faites cuire 40 minutes.

Table des matières

Achevé d'imprimer par
BlackPrint CPI Ibérica S.L.
Sant Andreu de la Barca (08740)
Dépôt légal : avril 2012